# Was uns noch retten kann.

## Ein Wort ohne Umschweife.

Motto:
Aergerniß hin! Aergerniß her!
Luther.

Siebente unveränderte Auflage.

Berlin, 1861.
Verlag von J. Guttentag.

Demosthenes führt uns in der ersten Philippika auf den Markt von Athen. „Was giebt es Neues?“ — fragen die Leute — „ist er todt? nein, leider! — aber wenn ihm ein Unglück zustieße, Ihr würdet bald einen anderen Philipp machen, denn viel weniger durch seine eigene Kraft, als durch Euere Lässigkeit ist er zu dieser Größe herangewachsen.“ Die Zustände in Griechenland waren zerfahren und aufgelöst, wie jetzt in Europa. Ein kluger und entschlossener Mann, dem die gut organisirte Kraft eines kriegerischen Volkes zu Gebote stand, konnte sich überall zum Herrn der Lage machen.

So wenden sich seit einer Reihe von Jahren alle Blicke nach Paris. Was wird er sagen? wie wird seine Neujahrsrede lauten? was wird die kaiserliche Brochüre enthalten? fragt in ängstlicher Spannung die Welt, von dem französischen Kaiser ihren Urtheilsspruch erwartend. Jede Verwickelung wird gefährlich, wenn er sich einmischt, jede Sache wird groß, wenn er sie in die Hand nimmt. In jeder Frage spricht er das entscheidende Wort, und eine jede Entscheidung vermehrt seine Macht für die folgende. Unaufhaltsam wachsen seine Hülfsmittel, und die Zerrüttung in den Verhältnissen der übrigen Staaten nimmt nicht ab. Man sieht aller Orten die drohende Gefahr, aber man thut wenig, ihr zu begegnen; man belügt sich mit unbestimmten Möglichkeiten, um ein ernstliches Handeln zu umgehen. Es könnte ihm ein Unglück zustoßen. Es könnten unerwartete Ereignisse eintreten. Leere Hoffnungen! „Er umstrickt uns mit seinen Netzen, während wir stille sitzen“ — sagt Demosthenes — „Es ist schändlich, daß Ihr Euch selbst hintergeht. Ihr verschließt das Auge der Aussicht in die Zukunft. Einst, wenn das unvermeidliche Unglück da ist, wird man sagen: wer hätte das glauben sollen? hätte man doch dies und das gethan und jenes unterlassen!"

Als Louis Napoleon sich auf den Thron geschwungen, frohlockten die Einen, schmähten die Andern, weil er der Republik ein Ende gemacht. Er hatte die Revolution niedergeworfen, in Paris wie in Rom, er hatte Ruhe und Ordnung und tiefes Schweigen hergestellt, und ein despotisches Regiment aufgerichtet, wie es fast jeder Fürst in Europa gerne geführt hätte. Die Höfe beeilten sich ihn anzuerkennen, die Männer der materiellen Interessen begrüßten ihn als Garantie gegen die Unruhe politischer Leidenschaften. L'ordre régne à Varsovie. Man betrachtete seine Herrschaft gerade nicht als eine endgültige Lösung, als den Beginn des tausendjährigen Reiches, indessen wer denkt in jetzigen Zeiten an eine ferne Zukunft? für einige ruhige Jahre schien er Bürgschaft zu bieten, und das genügte. Bisweilen stellte sich wohl ein leises Grauen ein, wenn er die Blicke Frankreichs allzusehr auf die auswärtigen Verhältnisse lenkte, die Traditionen des Kaiserreichs allzu lebhaft betonte. Doch pflegte man sich zu trösten, die Lage Europas sei nicht kriegerisch, er werde nicht seinen Thron durch gefährliche Unternehmungen auf das Spiel setzen; und die ersten Jahre schienen das zu bestätigen. L'empire c'est la paix. Im ganzen hielt man sich zu der Annahme berechtigt, sein persönlicher Ehrgeiz werde durch die Krone befriedigt sein, er werde den Frieden im Innern und nach Außen erhalten, sich und den Seinen gute Tage machen, und sonst regieren wie Andere auch. Man schätzte ihn zu niedrig. Ohne Zweifel hat er Sinn für eine gute Tafel, für den Glanz des Lebens, für schöne Pferde und schöne Frauen. Er soll viel Geld brauchen und den Seinen gegenüber sehr freigebig damit umgehen. Aber der Flug seiner Entwürfe ging höher. Er wollte kein roi fainéant sein.

Man konnte ihn kennen. Als er sich, 30 Jahre alt, zu dem verunglückten Unternehmen von Boulogne rüstete, schrieb er sein Programm, les Idées Napoléoniennes. Es ist größtentheils in die Form von Aussprüchen, Entwürfen und Grundsätzen des ersten Napoleon gekleidet und läßt sich durch einzelne Ausführungen in seinen übrigen Schriften ergänzen. Er ist ihm treu geblieben, und jetzt im Alter von 52 Jahren kann er sich rühmen, daß er Vieles davon erreicht hat und auf dem besten Wege ist Anderes zu erreichen.

Die innere Organisation seines demokratischen Kaiserthums, dessen starke Gewalt sich mit den Interessen und Gefühlen des Volkes identificiren, Ordnung und Fortschritt versöhnen, getragen von dem allgemeinen Vertrauen, die Freiheit nicht fürchten, sondern sichern und fördern soll, interessirt uns nicht. Dagegen müssen wir auf die ausgesprochenen Ziele seiner auswärtigen Politik unsere Blicke richten.

Friedrich der Große hat gesagt, wenn er König von Frankreich wäre, dürfte keine Kanone in Europa abgefeuert werden ohne seine Erlaubniß. Louis Napoleon hat es für die Aufgabe Frankreichs erklärt, in jede Verhandlung sein Brennusschwert zu werfen — zu Gunsten der Civilisation, fügt er hinzu. Jetzt nennt man das la préponderance légitime de la France, welche diesem Lande in jeder Frage die Initiative und eine schiedsrichterliche Stellung vindicirt. In ihrer Voraussetzung wird eine ideale Phantasie gegeben vom ewigen Frieden, von einer europäischen Staatenrepublik unter den schützenden Flügeln Frankreichs. Daß ihm diese bevorzugte Stellung gebührt, ist dem kaiserlichen Schriftsteller wie jedem Franzosen ein selbstverständliches Axiom. Denn Frankreich steht an der Spitze der Civilisation, daher sieht und will es überall das Richtige, es ist vollkommen uneigennützig. Nur weil sich die anderen Nationen, verblendet und böswillig, dieser Anerkennung entziehen, und weil um das Recht zu sichern Recht und Macht zusammenfallen müssen, ist es nothwendig, die Macht Frankreichs so weit zu erhöhen, daß Niemand im Stande sei, sich seinen Entscheidungen zu widersetzen. Dann wird Ruhe und Friede gesichert sein, dann wird allen Völkern ihre selbstständige Entwicklung gegönnt; sie sollen nicht unmittelbar von Frankreich beherrscht werden, sie werden seinen Impulsen folgen, sie mögen sogar in den Künsten des Friedens mit ihm wetteifern. Der Römer soll herrschen. Dieser Beruf mag der französischen Nationaleitelkeit und Selbstüberhebung schmeicheln, wir Anderen werden in einem solchen Frieden nur eine schmachvolle Knechtschaft sehen, das Ziel ebenso verabscheuen wie die Mittel. Und die Mittel sind eine Reihe von Kriegen und Eroberungen. Denn er weiß, daß die anderen Nationen Widerstand leisten werden, er weiß, daß England am schwersten dahin zu bringen sein wird, sich dem legitimen Uebergewicht Frankreichs zu beugen. Dieser Widerstand muß gebrochen werden. Das ist die Bedeutung der Napoleonischen Kriege. Der große Kaiser hatte in Allem Recht — wie das die menschenfreundliche Philosophie von St. Helena am besten beweist — aber er wurde verleumdet und mißverstanden. Europa war noch nicht hinlänglich vorbereitet für seine Ideen. Man nahm Leidenschaften der Herrschsucht, des persönlichen Ehrgeizes und der Eroberungslust bei ihm an. Nur darin irrte er sich, daß er glaubte, die Welt sei fähig seinem Genie zu folgen. „Er wollte die Arbeit von Jahrhunderten in einem Jahrzehnt vollbringen.“ Daran ist er zu Grunde gegangen, nicht allein an dem russischen Winter. Napoleon III. hat die Gründe des Sturzes des ersten sehr ernstlich studirt, und wird die Fehler zu vermeiden suchen. Er wird nicht den Einfall haben, seine Dynastie in zehn Jahren zur ältesten in Europa machen zu wollen; er wird nicht die Völker durch die Anmaaßungen einer verhaßten Fremdherrschaft zur Verzweiflung treiben; er wird keinen Feldzug in das Innere Rußlands unternehmen; er wird nicht Krieg in Spanien und Deutschland und gegen England zugleich führen. Desto fester hofft er ein gemäßigteres, aber dauerndes Uebergewicht Frankreichs zu begründen. Darin trifft er mit dem Nationalgefühl der Franzosen zusammen, mit ihrem patriotischen Eifer für politische Macht und Größe, und indem er nicht die Aussicht auf endlose Kriege eröffnet, sondern ein bestimmtes, begränztes Ziel hinstellt, ist es ihm gelungen, mehr und mehr die Besorgnisse derer zu beschwichtigen, welche am Schlusse einer Reihe von Eroberungen und Triumphen ein anderes Waterloo, eine neue Coalition und Invasion erblickten.

Was diese selbstgezogene Schranke ist, kann nicht zweifelhaft sein. Es ist die Rheingränze. Savoyen, Nizza und einige künftige Erwerbungen in der Schweiz werden nur als beiläufige Gränzberichtigungen betrachtet. Durch die Einverleibung Belgiens, der südlichen Provinzen Hollands und der deutschen Rheinlande soll Frankreich — schon jetzt England durch seine Landmacht, jedem anderen Staate zu Lande wie zur See weit überlegen — auf die Stufe der

Macht gehoben werden, daß jeder Widerspruch gegen seinen Willen verstumme, daß es im Nothfalle auch einer europäischen Coalition gewachsen sei.

J'ai assez du Rhin, hat Napoleon I. 1807 gesagt. Alles darüber hinaus, die Besetzung der deutschen Küstenländer wie die Verbindung Italiens mit der französischen Krone, soll er als etwas provisorisches betrachtet haben, als Zwangsmittel für die Zeit der Crisis, um die definitive Ordnung Europa's einzuführen. Daß die Rheingränze eine Nothwendigkeit sei, ist ein französisches Axiom, für Napoleon III. so ausgemacht, wie für Napoleon I. Daß 1830 eine belgische Fraction lieber die Vereinigung mit Frankreich als die mit Holland wollte, daß die Rheinprovinzen die französische Gesetzgebung der Wiederherstellung veralteter Rechte und ungenügender Formen vorgezogen haben, daß Schweizer Kantone die Wohlthaten der Mediationsacte anerkannten, genügte ihm, um die Popularität französischer Ansprüche in weiten Gebieten darzuthun. Jetzt wird bald auf Nationalitätsprinzipien, bald auf natürliche Gränzen, bald auf den einstigen, wenn auch noch so kurzen Besitz recurrirt, um die begehrte Beute zu vindiciren. Ein häufig gebrauchtes Argument nimmt eine Entschädigung für Frankreich in Anspruch, wenn irgend eine Macht in Europa verstärkt wird. Bei der Vergrößerung Sardiniens wurden Savoyen und Nizza gefordert, gegen eine Consolidation Deutschlands verlangt man die Rheinlande. Gelegentlich läugnet man freilich die Eroberungsgelüste, stellt sich entrüstet, wenn in Deutschland von der Gefahr französischer Angriffe gesprochen wird, betrachtet es als eine Provocation, wenn zur Abwehr gerüstet wird. „Philipp nahm es wie eine Beleidigung auf, feindseliger Gesinnungen gegen Olynth beschuldigt zu werden, noch in dem Augenblick, ehe er auszog, es zu zerstören. In Frankreich wird die Nothwendigkeit der Erwerbung kaum noch discutirt. Die Naivität der eiteln Anmaaßung nimmt an, daß die fremden Landestheile sich der Einverleibung in die große Nation freuen müssen, oder daß es auf unvernünftigen Widerspruch nicht ankommt. Die Friedliebenden und Gemäßigten fürchten nur die Verwickelungen, die sich daraus ergeben könnten; gegen die Sache selbst wagt sich kaum eine vereinzelte Stimme zu erheben. Die aufreizenden Brochüren und Zeitungsartikel des vorigen

Sommers behandelten die Abtretung wie ein unausbleibliches Naturereigniß. Wenn Deutschland sich gutwillig fügte, sollte ihm zur Compensation eine Umgestaltung der inneren deutschen Verhältnisse gestattet werden; falls es sich widersetzte, müßte es gezwungen werden, und das würde keine große Schwierigkeit machen.

Trotzdem wird bei uns noch häufig von ungegründeten Besorgnissen gesprochen.

Man fragt wohl, ob wir annehmen dürfen, daß der klug berechnende Herrscher unter allen Umständen und auf jede Gefahr hin ein bedenkliches Unternehmen wagen werde, und weist andererseits darauf hin, daß heutigen Tages trotz der Erschütterung der völkerrechtlichen Verhältnisse nicht wohl ein Krieg zum Zwecke ungerechter Eroberung geführt werden könne. Das meinen wir auch keineswegs. Wir sind vollständig überzeugt, daß er keinen Krieg um die Rheingränze beginnen wird, wenn er die Möglichkeit einer Niederlage befürchten müßte, nicht einmal, wenn er einen starken und verlängerten Widerstand zu erwarten hätte. Er wird die Entscheidung durch einen raschen Feldzug suchen, und sich lieber mit einem geringeren Erfolge begnügen, als einer ernsten Gefahr trotzen. Ein in die Länge gezogener Krieg könnte ihm schon bedenklich werden, und er hat die richtige Maxime ausgesprochen: man darf nicht die Ereignisse nach einem System zwingen wollen, sondern muß sein System nach den Ereignissen richten. Aber wir fürchten, daß er am Rhein keine ebenbürtige Macht und keinen ausdauernden Widerstand finden wird, und darum glauben wir, daß wir den Krieg zu erwarten haben bald und unglücklich, wenn die Dinge fortgehen, wie sie jetzt sind. Was dagegen den zweiten Trostgrund betrifft, so sind auch in früheren Zeiten nicht leicht Kriege um der Eroberung willen erklärt. Selbst Attila und Dschingiskhan suchten meist Vorwände für ihre Kriegszüge. Daß die Eroberung gerechtfertigt ist, wenn einmal aus irgend einem Grunde der Krieg entbrannt ist, pflegen noch die neueren Theorien des Völkerrechts wie die Praxis anzuerkennen. Und sollten jetzt Vorwände fehlen? jetzt, da Frankreich Kriege für eine Idee führt. Es scheint uns, daß es viele ungelöste Fragen und viele Mißstände in Europa giebt, deren Schlichtung oder Beseitigung mit demselben Rechte in die Hand genommen werden kann, wie die Umgestaltung

Italiens. Sind nicht manche Interessen geneigt, die Hülfe Frankreichs anzurufen? In seiner letzten Thronrede hat er erklärt, Frankreich sei stets bereit, die Waffen zu ergreifen, nicht nur wenn es provocirt werde, sondern auch für jede gerechte Sache. Man hat diese Worte nicht beunruhigend gefunden, weil sie keine Drohung für den Augenblick enthielten. Uns schienen sie nur eine andere Wendung für das Brennusschwert der Napoleonischen Ideen. Es kann in jede Wagschale geworfen werden. Denn für gerecht läßt sich jede streitige Sache erklären; einen Nothschrei an den Thron des Mächtigen gelangen zu lassen ist jede unbefriedigte, jede gefährdete Partei bereit — sie drohen überall damit, die Italiener wie die Irländer, die Dänen wie die Ungarn, die Polen wie die Regierung des Königs von Hannover — und jede Beschwerde kann Verhältnisse annehmen, unter denen sie eine Beunruhigung für Europa enthält, wenn dieser dehnbare Grund ausreicht, das Schwert zur Abhülfe zu ziehen.

Die Entwürfe dieses Mannes gehen weit genug um ein Menschenleben auszufüllen, und Europa wird nimmer Frieden haben, so lange er auf dem Throne Frankreichs sitzt. Darüber sind so ziemlich alle Parteien einig. Professor Leo verglich ihn mit dem Hecht im Karpfenteich, der die faulen Fische in Bewegung setzt; er frißt manche, aber die übrigen werden durch die Bewegung gesund. Nur wo die Karpfen träge und krank sind, ist der Hecht nöthig; im wohl bestellten Teiche wird er nicht geduldet. Ein Mann, wie Napoleon III. weiß die zerrütteten, morschen Verhältnisse zu benutzen, aber nur solche Verhältnisse machen einen solchen Mann möglich. Wären die Zustände Europas gesund, so brauchten wir auch einen Napoleon an der Spitze Frankreichs nicht zu fürchten.

Betrachten wir noch einmal den Mann und die Zeit.

Viele haben ihn anfänglich gering geachtet, für unbedeutend gehalten. Das ist er ohne Zweifel nicht. Seit große Erfolge für ihn zeugen, ist man geneigt ihn zu überschätzen, ihm zuzuschreiben, was den Umständen gebührt. Er ist keine ungewöhnliche Intelligenz; weder seine Schriften, noch seine Thaten bekunden ein Genie ersten Ranges. Aber dessen bedarf es auch nicht, um in der Politik Bedeutendes, selbst Glänzendes zu leisten. Dazu werden weit mehr

Eigenschaften des Charakters als des Geistes erfordert. Was in der Leitung politischer Angelegenheiten einzusehen ist, das vermag in der Regel der gewöhnliche gesunde Menschenverstand zu fassen; es bedarf keiner überlegenen intellektuellen Kräfte, nur der Umsicht und Klugheit, welche die Geschäfte des praktischen Lebens auf allen Gebieten voraussetzen. Dagegen sind in hervorragendem Maaße nothwendig fester Wille, ruhige Entschlossenheit, energische Thätigkeit. Diese Eigenschaften besitzt er in hohem Grade. Er hat den umsichtigen Takt, die Menschen und ihre Stimmungen zu beobachten, zu beurtheilen, wie weit er gehen kann, sich an die Neigungen zu wenden, die ihm dienlich sind. Er läßt sich durch keine Grillen oder Liebhabereien beirren. Rücksichtslos und vorurtheilsfrei faßt er die Lage der Dinge in das Auge und wählt seine Mittel, stets bereit, sie den Umständen anzupassen. Je nach Gelegenheit stellt er sich zu den alten Regierungen, oder proclamirt sich als einen Parvenu, macht sich zum Hort der legitimen Autorität oder zum Vertreter der Ideen von 1789. Er beharrt nicht eigensinnig auf einem Princip, oder auf dem einmal eingeschlagenen Wege, sobald jenes hinderlich, oder dieser mißlich wird. Selbst die Napoleonische Secundogenitur in Toscana ließ er leicht fallen, und den Widerstand gegen die einheitliche Constituirung Italiens gab er bald auf. Aber die eigentlichen Ziele verfolgt er unverrückt. Er schreckt weder vor Schwierigkeiten, noch vor Gefahren zurück.

Kühn in seinen Enschlüssen und entschieden in ihrer Ausführung, ist er eben so bereit, günstige Gelegenheiten herbeizuführen als gegebene zu benutzen. Und wie er sich keinem Vorurtheil hingiebt, so scheut er auch keine Anstrengung. Er ist sehr thätig. Wir meinen nicht die zerstreuende Thätigkeit der Großen, welche mehr der Repräsentation als wirklicher Arbeit angehört, noch die subalterne Vielgeschäftigkeit, welche sich gleichgültige Dinge vortragen läßt und Kleinigkeiten abmacht, sondern die ernste Thätigkeit, welche sich umfassenden und anstrengenden Arbeiten unterzieht, große Combinationen entwirft und mit ausharrender Aufmerksamkeit ihre Verwirklichung leitet. Beim Pariser Congreß im Jahre 1856 haben mehrere der fremden Beobachter ihre Verwunderung über die Mittelmäßigkeit der französischen Staatsmänner ausgesprochen; sie hatten mehr von der Umgebung des Mannes erwartet, der eine so gewaltige Stellung errungen. Mit der eingerichteten Maschine zu regieren, ist eben nicht übermäßig schwer. Organisatorisches und administratives Talent besitzen die Franzosen, und die Staatseinrichtungen sind gut getroffen, solche Talente auszubilden und hervorzuziehen. Seine Beamten haben praktisches Geschick, Gewandtheit und rücksichtslosen Eifer ihm zu dienen. Unter einem Manne, wie er ist, sind die Menschen sicher, ihre eigenen Zwecke zu erreichen, indem sie den seinigen dienen, darum schließen sie sich ihm rückhaltslos an.

Emporgehoben haben ihn freilich die Umstände, aber er hat sie meisterhaft benutzt. Große politische Erschütterungen rufen nach der Störung der gewohnten Ordnung, der Geschäfte und des Vertrauens in der geängstigten Gesellschaft das Bedürfniß der Ruhe hervor. Man ist der Aufregung und der politischen Discussionen müde. Um das Gefühl der Sicherheit wieder zu erlangen, werden die Interessen der Freiheit denen der Ordnung geopfert, die Ausschreitungen einer unbeschränkten Gewalt den Drohungen der Anarchie vorgezogen. Diese Stimmung förderte bei uns den Sieg der Reaktion, sie herrschte noch mehr in Frankreich, wo die Umwälzung eine durchgreifendere gewesen war und durch socialistischen Unfug unmittelbarer die Grundlagen der bürgerlichen Gesellschaft bedroht hatte. In solchen Fällen wird eine feste Hand gesucht, welche den Frieden sicher stelle, einerlei in welcher Weise. Nach den großen Revolutionen Englands und Frankreichs waren es ein Cromwell, ein Bonaparte, denen man an der Spitze ihrer Armee die starke Hand zutraute. 1848 gab es keinen hervorragenden General, den sein Ruhm zur Herrschaft im Staate berufen hätte. Die alten Dynastien hatten das Vertrauen verloren, aber das Land war monarchisch, und so führte die Popularität seines großen Namens den Mann, der als der Erbe des Revolutionsbezwingers betrachtet ward, zur Gewalt. Die Disposition über Polizei und Militair that das Uebrige bei der entstandenen Gleichgültigkeit gegen politische Fragen ohne nennenswerthen Widerstand. Woher hätte man auch ein anderes Regiment nehmen sollen, ohne neue Zerrüttungen heraufzubeschwören? Man acceptirte die neue Regierung als eine Nothwendigkeit und wendete sich mit Energie den materiellen Interessen zu, die nach mehrjähriger Störung einen unerhörten Aufschwung nahmen. Die Blüthe der bürgerlichen Geschäfte, welche der Ruhe und des Vertrauens in eine feste Zukunft bedurften, ward die erste solide Grundlage des Kaiserthums. Auch im Auslande, namentlich in den Ländern der höchsten gewerblichen Entwicklung, in England und in der Schweiz, ergriffen die Vertreter der großen Industrie mit einem fast fanatischen Eifer seine Partei.

Nach einigen Jahren hat die Sache eine andere Gestalt gewonnen. Durch die Haltung seiner auswärtigen Politik hat der Kaiser die ideale Saite angeschlagen, für deren Ton das französische Volk empfänglich ist.

Tiefere Beobachter der gesellschaftlichen Zustände urtheilen, daß moralische und ideelle Interessen fast aufgehört haben, das öffentliche Leben Frankreichs zu beeinflussen, daß neben den persönlichen und materiellen Bestrebungen fast nur ein einziges ideelles Element vorhanden ist, welches die Gemüther in Bewegung setzt, das Gefühl des Patriotismus. Je mehr dieses Gefühl mit nationalem Ehrgeiz und nationaler Eitelkeit verschwistert ist, und je weniger ihm die innere Entwicklung des öffentlichen Lebens eine thätige Betheiligung zum allgemeinen Besten in größeren Verhältnissen gewährt, desto ausschließlicher und intensiver heftet sich der Patriotismus an äußeren Glanz und Größe, sucht seine Befriedigung im feindlichen Gegensatze zu anderen Völkern. Es kommt das Andere hinzu: in dem inneren Leben der Völker macht sich auch bei dem kräftigsten Aufstreben Zwiespalt und Widerspruch geltend, nach außen gewendet wird der patriotische Schwung ein allgemeiner, einstimmiger, und übt in der mächtigen Einheit des nationalen Wollens die erhebendste, hinreißendste Gewalt. Irgend eines idealen Interesses bedürfen die Menschen überall. Der französische Patriotismus und die Napoleonischen Pläne stimmen trefflich zusammen, und es ist leicht zu erkennen, wie sehr sich die Stellung des Kaisers verändert hat, seitdem er dem Nationalgefühl Genüge gethan und glänzendere Aussichten eröffnet hat.

In den ersten Jahren seiner Regierung konnte man überall sehen, wie unwillig die gebildeten Franzosen sich der Nothwendigkeit fügten, wie entwürdigt und gedemüthigt sie ihr Vaterland fanden durch das schamlose Willkührregiment und durch die gemeinen, verachteten Menschen, in deren schmutzigen Händen die brutale Gewalt ruhte. Das

Gerede von der materiellen Ordnung und den lauernden Feinden der Gesellschaft, die Declamationen gegen die Parteien, die genau wie im alten Rom zu den Zeiten des Tiberius den imperatorischen Despotismus rechtfertigen mußten, waren gar zu elende Vorwände für die Unterdrückung der Presse und der Tribüne, für die Deportationen und Internirungen, für die Ausnahmegesetze, für die Corruption und Depravation des öffentlichen Lebens. Jetzt ist es anders geworden. Die bezaubernde Macht des Erfolges hat die Gemüther unterjocht. Die kaiserliche Schriftstellerei donnert nicht mehr gegen die Parteien, sie weist auf den Glanz und die Erfordernisse der auswärtigen Politik hin. Die nothwendige Concentration der Kräfte zu großen, populären, nationalen Zwecken rechtfertigt die Schrankenlosigkeit der Centralgewalt. Um der Macht Frankreichs willen verzeiht man den Verlust freiheitlicher Institutionen. Die Einen hoffen auch in dieser Beziehung auf künftige Vervollkommnung, die einstige Krönung des stolzen Baues, welche kaiserliche Reden und Schriften freigebig in Aussicht stellen; die Anderen gewöhnen sich, die formellen Fragen der Verfassung und Verwaltung als unwesentlich zu betrachten, wenn materiell die Dinge gut und glänzend von Statten gehen. Der Kaiser giebt die Entscheidung in allen Verhältnissen Europas, er thut es im Sinne der Interessen und der Sympathien des französischen Volkes. Seine Stellung ist eine sehr feste geworden.

Die Wendung in der öffentlichen Meinung trat nicht unmittelbar mit dem orientalischen Kriege ein, aber sie ward durch ihn vorbereitet. Die politischen Zwecke des Krieges waren nicht handgreiflich und populär genug, die militairischen Thaten und Erfolge des Krim-Feldzuges im Verhältniß zu den ungeheueren Mitteln nicht groß und glänzend genug, um einen nationalen Enthusiasmus hervorzurufen. Indessen bewährte die französische Armee in ihrer Organisation und Führung eine rühmliche Ueberlegenheit, und der Pariser Congreß zeigte den Kaiser allen Mächten Europas gegenüber in einer Stellung, welche den Ansprüchen der préponderance légitime de la France vollkommen Genüge that. Das Größte erreichte er in dieser Verwicklung durch die Umwandlung der Stimmung im übrigen Europa und durch die gänzliche Veränderung der bisherigen politischen Beziehungen zwischen den Großmächten.

Mochten auch französische Intriguen beigetragen haben, den Kaiser Nicolaus zu verleiten, daß er den richtigen Augenblick gekommen wähnte, um einen entscheidenden Schritt zur Zerstörung des türkischen Reiches zu thun, immer war er der offen angreifende Theil. Seine eigenen Aeußerungen gegen Sir Hamilton Seymour, wie sie in den Berichten dieses ausgezeichneten Diplomaten veröffentlicht wurden, bewiesen unwiderleglich den eroberungssüchtigen Ehrgeiz des Kaisers, und entzogen seinen reactionären Bewunderern jeden Schein des Vorwandes, als ob ein heiliger Eifer für die Religion den Angriff rechtfertigte. Allerdings war seine Ansicht von der unheilbaren Krankheit der Türkei ohne Zweifel vollkommen richtig; der weitere Gang der Ereignisse bestätigt, daß die Versuche ihr ein neues selbstständiges Leben einzuhauchen vergeblich sind. Aber daraus folgte nicht, daß man die Erbschaft des kranken Mannes an Rußland überlassen sollte. Die Zurückweisung seiner Uebergriffe war eine europäische Nothwendigkeit, und ward als solche in ganz Europa anerkannt. Diesen negativen Zweck hat der Krieg auch vollständig erreicht. Eine gründliche Ordnung der Verhältnisse des Orients hat er freilich nicht herbeigeführt; man konnte nicht zur Auflösung der Türkei schreiten in dem Augenblick, da man zu ihrer Vertheidigung die Waffen ergriff. Indem er an die Spitze des Widerstandes gegen das gefürchtete Rußland trat, hatte Napoleon III. die allgemeine Stimmung in und außer Frankreich auf seiner Seite. Selbst die absolutistischen Regierungen, die in Rußland den Hort der sogenannten conservativen Politik sahen, konnten, insoferne sie nicht die angebliche Solidarität der conservativen Interessen gegen alles Uebrige blind machte, nicht wünschen, daß Rußland eine Erwerbung vorbereitete, welche die Unabhängigkeit der meisten Staaten in Frage stellte. Die liberale Opposition rief ihm Beifall, da er ihre Anforderungen erfüllte. Die englische Presse ging zur lautesten Bewunderung und Erhebung des großen Alliirten über.

Von noch größerer Bedeutung für seine weiteren Pläne war die durchgreifende Veränderung in den Verhältnissen der europäischen Mächte. Als Paskewitsch seinem Kaiser schrieb: „Ungarn liegt zu den Füßen Eurer Majestät,“ als zu Warschau in herrischem Tone über die Angelegenheiten Deutschlands entschieden wurde, schien

Kaiser Nicolaus eine Machtstellung gewonnen zu haben, wie sie selbst Alexander I. auf dem Wiener Congreß nicht eingenommen hatte. Man wußte freilich, daß diese Gewalt noch mehr auf der Unterordnung der auswärtigen Dynastien, welche die revolutionären Ideen ihrer Völker fürchteten, als auf den Hülfsmitteln des eigenen Reiches beruhte. Aber der Krimkrieg zerstörte in rauher Weise den Nimbus dieser Macht, und zeigte, wie wenig entwickelt zur Zeit noch die Kräfte des weiten Reiches im Vergleich mit den westlichen Staaten sind. Der übermächtige Einfluß Rußlands ist für den Augenblick gebrochen. Mit seiner Führerschaft sind die letzten Traditionen der heiligen Alliance geschwunden. Seit dem Pariser Frieden stehen alle Mächte Frankreich gegenüber isolirt. Es ist nirgends auf einen Zusammenhang, nirgends auf eine gemeinschaftliche Action zu rechnen. Und dabei fand der Pariser Friede überall nur die nothdürftigste äußere Ordnung, innerlich die Zustände in Italien, Oesterreich, Deutschland und im Orient gleich zerrüttet und unhaltbar.

England hatte bis zum Krimkriege in sehr freundlichen Beziehungen mit Rußland gestanden; zum Theil waren es noch die Reminiscenzen der Napoleonischen Kriege und die Eifersucht gegen Frankreich, welche die vertrauliche Verbindung zwischen den beiden Regierungen unterhielten; zum Theil waren die englischen Staatsmänner dem Kaiser in allerlei Dingen gefällig, um sich einen freundschaftlichen Einfluß bei ihm zu erhalten und ihm dadurch einen Zügel in der einen Sache anzulegen, wo sie ihn fürchteten, in der orientalischen Frage. Nicolaus ließ sich dadurch täuschen, und rechnete bis zum Bruch auf die Connivenz der englischen Regierung auch in dieser einzigen Sache, in der sie ihm niemals nachgeben konnte. Ebenso verrechnete er sich in Oesterreich. Er hatte 1849 den Staat gerettet, und meinte, der Wiener Hof sollte ihm jetzt aus Dankbarkeit einen Fortschritt gestatten, dem sich Metternich mit allen Kräften widersetzt hatte. Die Erkenntniß des Irrthums hat das Band zwischen England und Rußland zerrissen, hat Rußland und Oesterreich unheilbar entzweit. Die russischen Staatsmänner sehen, daß sie nur gegen England und gegen Oesterreich die Pläne auf Constantinopel verfolgen können; und der einzige Staat, der ihnen möglicherweise behülflich sein kann, ist Frankreich. Auch dieses wird ihnen nicht gern allzuviel einräumen, aber unter Umständen wird es ihnen eine große Erwerbung gönnen. Der alte Satz scheint seiner Erfüllung näher zu rücken: nur Frankreich kann Rußland den Orient geben, und Rußland wird Frankreich den Rhein geben.

Beim Frieden, den Napoleon III. so eilig und fast verrätherisch gegen den Willen der Engländer herbeiführte, ohne daß irgend eine wirkliche Garantie für die dauernde Sicherheit der Türkei gewonnen wäre, reichten sich die beiden Kaiser die Hand, und sind seitdem in der engsten Verbindung geblieben. Schwerlich sind Verabredungen für alle Fälle getroffen, schwerlich feste Pläne für eine künftige Auseinandersetzung entworfen. Aber sie sind sich überall behülflich. Wenn die Russen den englischen Friedensversuch vereitelten, als Napoleon III. den Krieg mit Oesterreich wollte, wenn sie ihn in Italien gewähren lassen, und die französische Occupation in Syrien unterstützen, müssen sie wohl einige Sicherheit künftiger Vergeltung erhalten haben. Gegen Frankreich wird Rußland Niemandem helfen. Und wenn es helfen wollte, würde nach den letzten Erfahrungen seine Hülfe da, wo sie nöthig wäre, schwerlich von großem Gewicht sein. Für einen Schlag im Orient würde es ohne Zweifel auch jetzt alle Kräfte aufbieten, aber in den sonstigen europäischen Angelegenheiten zeigt es sich sehr zurückhaltend. Die russischen Staatsmänner haben erkannt, daß es erst einer ganz anderen Entwicklung im Innern des Landes bedarf, wenn es auswärts erfolgreich mit den älteren Culturvölkern rivalisiren soll. Mit der großen ökonomischen Maßregel der Bauernemancipation versuchen sie den Uebergang von der noch herrschenden Naturalwirthschaft zu der Geldwirthschaft der übrigen europäischen Länder, um die brachliegenden Hülfsquellen des Reiches in größerem Maaßstabe zu eröffnen.

Der französische Kaiser braucht nicht zu warten. Er ist für alle Eventualitäten bereit, und entschlossen, alle Umstände zu ergreifen um vorwärts zu kommen. Kaum war die orientalische Frage nicht geschlichtet, aber benutzt, den Zusammenhang der nordischen Mächte zu sprengen, so wurden die italienischen Angelegenheiten auf das kaiserliche Programm gestellt. Unter seiner Protection erhoben die piemontesischen Gesandten auf dem Pariser Congreß vor dem officiellen Europa die Klagen, welche bis dahin nur die politische Litteratur erfüllt hatten. Wiederum war es eine populäre Sache, deren er sich annahm, und diesmal nicht eine Sache, welcher man aus politischer Nothwendigkeit zustimmte, sondern eine Sache, welche in Millionen Herzen einen enthusiastischen Anklang fand. Was half es, daß man eigennützige Motive anzunehmen hatte? was half es, daß Oesterreich unzweifelhaft der systematisch provocirte und angegriffene Theil war? — Louis Napoleon hat selbst die These vertheidigt: nicht der ist der Angreifer, der den Krieg beginnt, sondern der, welcher den Frieden unmöglich macht. — Er that den ersten Schritt, welcher nothwendig war, das schöne Land, das begabte und ruhmreiche Volk aus langer Entwürdigung zu erheben, indem er die österreichische Herrschaft brach, unter deren Rückhalte verabscheute Regierungen eine schmachvolle Gewalt übten. Die politischen Rücksichten des Gleichgewichts verlangten wohl eine Einigung der Mächte, um dem bedenklichen Fall einer gewaltthätigen Einmischung in fremde Angelegenheiten und dem bedenklicheren Anwachsen der französischen Macht mit gemeinsamen Kräften entgegen zu treten. Das dem Grafen Derby untergeschobene Wort: „ich werde den ersten zu Boden schlagen, der den europäischen Frieden stört", gab dieser Ansicht ihren Ausdruck. Auch uns schien nach der kaiserlichen Neujahrsrede dieses Interesse jede andere Rücksicht überwiegen zu müssen. Aber in England war es keiner Regierung möglich, in dieser Sache einzutreten gegen den Mann, der that, was Byron und Macaulay ersehnt hattten, was die liberale Meinung des ganzen Landes billigte. Und er kannte natürlich schon damals die österreichischen Prätensionen, welche auch der preußischen Regierung die Theilnahme am Kriege zur Unmöglichkeit machen mußten. Wir meinen nicht bloß, daß der österreichische Hof ohne weiteres Preußen und das übrige Deutschland als seine Vasallen zu seinem Kriege aufbieten wollte, und dabei noch die Concessionen versagte, welche eine erfolgreiche Führung des Krieges unumgänglich erforderte. Wir meinen das Andere, daß die österreichische Regierung als den Zweck des Krieges aufstellte: nicht die Erhaltung ihres Besitzstandes in Italien, sondern die Eroberung Alessandria's, die Abschaffung der constitutionellen Regierungsform Sardiniens, einen Kreuzzug gegen Frankreich zur Absetzung Napoleons und Wiedereinsetzung Heinrichs V., eine Restauration sans phrase, um das weltliche und kirchliche System Oesterreichs über ganz Europa auszudehnen. Da mußte die verblendete Halsstarrigkeit ihrem Schicksal überlassen bleiben. Wären ihre Absichten damals öffentlich bekannt gemacht worden, so hätten die liberalen Stimmen Süddeutschlands ihr wohl nicht ihre Sympathien zugewendet, und nicht Preußen mit Schmähungen wegen seiner Theilnahmlosigkeit überhäuft.

Unerwartet schnell entsagte der Kaiser von Oesterreich einer reichen Provinz, der Kaiser von Frankreich seinem Versprechen, Italien zu befreien bis an das Meer. Für jenen war es eine einfache Rechnung. Er konnte nicht hoffen, ohne preußische Hülfe Mailand wieder zu erobern, kaum Venedig zu behaupten; Preußen war nur durch Zugeständnisse zu gewinnen, welche eine Umgestaltung der Machtverhältnisse in Deutschland in Aussicht stellten; da verzichtete er lieber auf eine Provinz und auf seine Macht in Italien, als auf den bisherigen Einfluß in Deutschland. Die Rechnung war gewiß richtig. Auf Seiten Napoleons lagen die Motive eben so einfach. Er sah, daß bei der Verlängerung des Krieges eine Verständigung zwischen Oesterreich und Preußen erfolgen würde, und mußte es bei der damaligen Schwäche der piemontesischen Armee für bedenklich halten, gleichzeitig einen Krieg in Italien und am Rhein zu führen. Zugleich behielt er die Italiener in der Hand für künftige Fälle, und konnte durch sie Oesterreich im Schach halten, wenn er diesem Venetien vorläufig beließ. Endlich mochte er denken, durch seine Schonung in eine nähere Verbindung mit Oesterreich zu treten, wie nach dem orientalischen Kriege mit Rußland, und dadurch Preußen für einen künftigen Angriff zu isoliren. Winke der Art scheinen in der That in Villafranca gefallen zu sein. In ihrem Zorne gegen Preußen waren die beiden Kaiser gleich. Der österreichische sprach in einer unerhörten Proclamation von dem natürlichen Bundesgenossen, der ihn treulos im Stich gelassen. Der französische signalisirte die Haltung Preußens seiner Armee als die Ursache, welche ihren Siegeslauf gehemmt und ihn genöthigt habe, von der Vollendung seines Werkes abzustehen. Glücklicherweise zeigten sich die beiderseitigen Interessen zu entgegengesetzt, als daß ein dauernder Bund zu Stande kommen konnte. Napoleon III. fand es rathsam, auch ferner zu den Italienern zu halten, und Oesterreich ward durch die Verweigerung der in Villafranca zugesicherten Wiederherstellung der italienischen Herzoge und durch die Zulassung der weiteren sardinischen Eroberungen zu schmählich betrogen, um irgendwo auf Frankreich bauen zu können.

Die italienische Sache hat das Kaiserthum unermeßlich gehoben. Die Siege von Magenta und Solferino erneuern den Ruhm der Napoleonischen Schlachten; ein kurzer Feldzug genügt, der größten Militärmacht eine Provinz zu entreißen; ein unterdrücktes Volk verdankt Frankreich die Erlösung von einer verhaßten Fremdherrschaft; selbst die erliegenden Tyrannen wenden den letzten hülfesuchenden Blick nach Paris, und Niemand wagt zu helfen, wo Frankreich seine Hand abzieht. Zu dem Ruhme kriegerischer und politischer Thaten gesellt sich endlich unter dem mißgünstigen, aber furchtsamen Widerspruch des Auslandes der Erwerb wichtiger Provinzen und starker Positionen zum Angriff wie zur Vertheidigung, um dem Unternehmen all den populären Glanz zu verleihen, der ihm im Beginne fehlte. Jetzt schadet die feindselige Haltung des Papstthums nicht mehr. Louis Napoleon hat der Geistlichkeit Concessionen gemacht und ihre Hülfe in Anspruch genommen, als er überall in den Vertretern der Stabilität und der alten Ordnung Stützen für die neue Monarchie zu gewinnen trachtete. Wir meinen freilich, daß selbst damals die alten Unterofficiere und die Leyerkastenmänner, welche die Thaten der großen Armee und den Ruhm des ersten Kaisers durch die Landgemeinden verkündeten, eine wirksamere Propaganda für ihn gemacht haben, als der Clerus, obwohl wir dessen socialen und politischen Einfluß keineswegs gering schätzen. Aber weil unter kaiserlicher Protection wieder die Messen besucht werden, gab man sich im Vatican der lächerlichen Illusion hin, daß Frankreich ultramontan sei und einen Kreuzzug für die weltliche Macht des Papstes unternehmen würde, wenn der böse Kaiser es nicht hinderte! das Frankreich, in dessen einstiger Pairskammer ein Pair Ludwig Philipps die Franzosen bezeichnete: nous, qui nous ne sommes ni catholiques ni chrétiens, wie jetzt ein Senator Napoleons nur seine Ahnen für gute Katholiken erklärt. Die ultramontane Partei hätte weder in der Kirche, noch in der bürgerlichen Gesellschaft viel zu bedeuten, wenn nicht retrograde Regierungen, in der Hoffnung, dort die besten Stützen despotischer Gewalt zu finden, überall die Droste-Vischerung, die Ketteler, die Vicari, die Rauscher hervorsuchten und die widerstrebende Geistlichkeit unter das Joch der fanatischen Parteiführer beugten. In Frankreich ist es außer einigen Bischöfen nur die verschwindend kleine legitimistische Partei, welche ihre Stimme für die päpstliche Regierung erhebt. Kreaturen des Kaisers, die er selbst als reactionäre Anhänger der Gewalt in den Senat oder den gesetzgebenden Körper berufen hat, und die ohne ihn nichts wären, machen ihm dort eine geräuschvolle Opposition, die im Lande keinen Anklang findet. Dem Starken und Entschlossenen müssen alle Dinge zum Besten dienen. Mit Vergnügen erlaubte er einem populären republikanischen General, seinen Ruf durch legitimistische Phrasen an der Spitze der Schlüsselsoldaten zu Grunde zu richten und schmachbedeckt von einem Schlachtfelde heimzukehren, wo mehr gelaufen als geschlagen ward. Die Personen seiner jetzigen Opponenten und die Uebertreibungen ihrer ultramontanen Sprache haben die kaiserliche Politik nur desto populärer gemacht. Seine Minister und seine Vertrauten, Prinz Napoleon, Langueronière und Pietri haben in gewaltig hohem Tone gesprochen. Man fühlt sich sehr sicher. Mit seiner italienischen Politik ist der Kaiser in das liberale Fahrwasser eingelaufen. Es bewährt sich die demokratische Seite des Napoleonischen Kaiserthums. Er ist wieder der Vertreter der Ideen von 1786, des Fortschritts, der liberalen Entwicklung. Und der öffentliche Geist Europas ist liberal.

Im gerechten Vertrauen auf die Uebereinstimmung seiner Politik mit der liberalen Meinung des französischen Volkes ruft er selbst die öffentliche Discussion der auswärtigen Angelegenheiten hervor, legt die diplomatischen Verhandlungen und Documente in einem Umfange dar, wie es von keiner anderen Regierung des Continents zu geschehen pflegt. Freilich hat er guten Grund dazu; denn Alles beweist die rastlose Thätigkeit, die Popularität und die Erfolge seiner Politik, rechtfertigt und vermehrt das Vertrauen in seine Autorität. Die anderen Mächte bewegen sich überall in einer unfruchtbaren Negative. Es mißfällt ihnen die Einverleibung Savoyens, die Umgestaltung Italiens, die Occupation Syriens. Aber bald ist die Sache, bald die Zeit nicht zu einem ernsten Widerstand geeignet. Ein positiver Plan, eine active Einigung kommt nirgends zu Stande. Was ohne ihn oder gegen ihn unternommen wird, scheitert resultatlos wie die Conferenz in Warschau. „Wir kommen überall zu spät — ruft Demosthenes seinen Mitbürgern zu — unser jetziges Verfahren giebt uns nur dem Spotte preis!“ Und Philipp-Napoleon schreitet unaufhaltsam vor.

Die namentlich von der englischen Regierung veröffentlichten Depeschen haben gelehrt, daß im vorigen Jahre nicht bloß wir, die wir draußen stehen, sondern auch die Minister und Diplomaten für dieses Frühjahr einen großen Krieg erwarteten. Die Italiener rüsteten sich zum Angriff auf Venetien, die Ungarn zur Revolution. Wir waren überzeugt, daß das wahre Object des Krieges diesmal nicht Oesterreich, sondern Preußen sein würde. Der Mann, ohne dessen Willen keine Kanone abgefeuert wird, könnte bei einem Kriege gegen Oesterreich allein kaum noch einen erheblichen Gewinn machen, und an einer weiteren Zersetzung dieses Staates, wenn er nicht gleichzeitig andere Zwecke erreichte, könnte ihm kaum gelegen sein. Man hat wohl auf Dalmatien hingewiesen, wir können indessen nicht glauben, daß er diesen ungesicherten Besitz für einen sehr bedeutenden Stützpunkt im Falle einer orientalischen Verwicklung den Engländern gegenüber erachten sollte. Und ebensowenig können wir glauben, daß er den Italienern zum Besitze von Venetien verhelfen und sie dadurch von seiner eigenen Gewalt emancipiren wird, ohne daß er einen unmittelbaren und sehr großen Vortheil davon zieht. Die Aussicht dazu bietet ihm nur ein Krieg gegen Preußen. Herbeiführen konnte er einen solchen Krieg mit mindestens ebenso gutem Grunde, wie 1859 den gegen Oesterreich, sei es, daß wir freiwillig zu Gunsten Oesterreichs einschritten, sei es, daß er uns durch einen Angriff auf Tyrol oder eine Blokade Triests zur Theilnahme am Kriege nöthigte, sei es, daß er Dänemark zu Provocationen veranlaßte, welche dort einen Krieg unvermeidlich machten. Und mochte er die italienische oder die dänische Frage zum Vorwande eines Bruchs benutzen, in beiden Fällen konnte er sicher auf die Unthätigkeit Englands rechnen. Oesterreich würde durch den Angriff der Italiener auf Venetien und durch eine Revolution der Ungarn mit geringer Unterstützung von Dalmatien oder den Donaufürstenthümern aus bis auf den letzten Mann in Anspruch genommen sein, und wir würden im Kampfe gegen die Uebermacht Frankreichs ganz allein stehen.

Ihm gegenüber werden wir auch im Frieden die alte Kriegsregel zu bedenken haben, daß er in allen Fällen das thun wird, was uns am unangenehmsten ist. Mag er noch einen weiteren Fortschritt der Zerrüttung im österreichischen Staate und in den deutschen Verhältnissen erwarten, mag er glauben, den Italienern noch nicht allein den Krieg gegen Oesterreich überlassen zu dürfen, mag er den drohenden Zusammensturz des türkischen Reiches im Auge haben, oder durch Rücksichten der inneren Politik geleitet sein, jedenfalls hat er den Kampf in diesem Frühjahre nicht gewollt. Es ist uns eine Frist gegeben. Aber die Constellation ist geblieben. Im Laufe der nächsten Jahre werden wir einen Krieg gegen Frankreich zu führen haben. Wir müssen uns darauf einrichten.

Als Friedrich Wilhelm III. ein paar Tage vor der Schlacht von Jena den General v. Phull fragte, was etwa noch zu thun oder zu bessern wäre, antwortete dieser: „wir sind bereits geschlagen, und alle Bemühungen um Rettung sind vergeblich.“ Zum ersten Male traf das königliche Ohr ein solches Wort, und ward im Zorne zurückgewiesen. Wir sind weit entfernt seine rauhe Form zu billigen, aber wir wüßten nicht, ob in der Sache Jemand eine andere Antwort finden würde, wenn in diesem Augenblick der Krieg ausgebrochen wäre. Dann hätten wir jetzt nichts mehr zu thun als zu schlagen, so gut es eben gehen wollte, und der Ausgang würde uns in der jetzigen Lage und der jetzigen Stimmung nicht zweifelhaft sein: eine schwere Niederlage und ein rascher Friedensschluß. Diese Ansicht ist sehr allgemein verbreitet, und wir halten es für nothwendig sie öffentlich auszusprechen. Es ist keine Zeit sich Illusionen hinzugeben, es steht zu Großes auf dem Spiel.

Wir meinen allerdings, daß Rettung möglich ist, aber nur dann, wenn man sich entschließt, schnell und ernstlich zu handeln, wenn man hergebrachten Vorurtheilen entsagt, wenn man alle Kräfte in Bewegung setzt, die nützen können, wenn man nur einen Theil der Anstrengungen übernimmt, um das Verderben abzuwenden, die man dereinst nach schweren Mühen und Leiden gebrauchen wird, um sich vom tiefen Falle wieder zu erheben. Wir fürchten, daß nichts geschieht. Der Himmel verhüte, daß wir jemals an der Zukunft des deutschen Volkes verzweifeln sollten, wenn wir auch durch das Elend unserer Zerrissenheit, durch Schwäche, Unentschlossenheit oder falsche Rücksichten derer, die uns führen sollten, für die Gegenwart unterliegen, wenn uns auch nichts bleibt als der physiologische Trost, daß die teutonische Race mit den größten Köpfen ausgerüstet ist, und daß nach geschichtlicher Erfahrung, wenn auch zeitweise überwunden, doch selten auf die Dauer die großköpfigen Nationen durch Völker mit kleineren Schädeln unterdrückt worden sind. Wir haben uns schon mehrmals aus furchtbarem Unglück emporgerafft. Und doch! Als Demosthenes gegen den Macedonier redete, sah er wohl eine ungeheure Gefahr der Gegenwart, aber schwerlich ahnte er, daß sein herrliches Vaterland nie wieder erstehen sollte vom politischen Tode. Während des Krimkrieges riefen uns polnische Stimmen zu: wir sind zu Grunde gegangen, jetzt fällt die Türkei, dann wird die Reihe an euch kommen. In der That, wenn einmal die Franzosen bis an den Rhein und die Russen zur Weichsel vordringen, wenn die Dänen in Holstein und Slaven in Oesterreich gebieten, was bliebe dann von Deutschland übrig? Napoleon III. könnte fester bauen als der erste. Der kluge Augustus begründete für ein halbes Jahrtausend das Werk, welches der sterbenden Hand des großen Cäsar entfiel. Aber mögen wir auch fest in die Zukunft vertrauen, es ist schmerzlich, es ist entsetzlich genug zu denken, daß auch nur zeitweise schöne und blühende Provinzen von Deutschland abgerissen werden, daß auch nur für einige traurige Jahre die berühmten Bischofssitze, die ältesten Stätten deutscher Cultur, die Dome von Speier und Cöln, die alte Kaiserstadt Aachen, die festen Bollwerke Mainz und Coblenz der französischen Herrschaft anheimfallen können, an die Schmach und an den Hohn zu denken, die sich über uns ergießen werden, und an die Leiden, die Opfer und die Arbeit, die es kosten wird, einstens wieder zu gewinnen, was wir jetzt mit weit geringerer Anstrengung behaupten könnten.

Wir dürfen die Sachen nicht länger gehen lassen, wie bisher. Wir dürfen uns den gewaltigen Bewegungen gegenüber nicht bloß negativ verhalten. Es bedarf fester positiver Entschlüsse nach innen und nach außen. Das Gerede von dem Bewahren der freien Hand und von dem gelegentlichen Gehen mit diesem oder jenem, das Gewährenlassen, das Zurückhalten und das Verneinen sind nur Vorwände für die Trägheit, welche eine wahre Anstrengung scheut, und für die Furchtsamkeit, welche nirgends Anstoß geben möchte. Demosthenes mahnt die Athener: „man muß den Ereignissen nicht nachtreten, sondern vorangehen — die günstigen Gelegenheiten warten nicht auf unsere Trägheit und Sorglosigkeit — Klugheit und Entschlossenheit leiten die Begebenheiten."

Es besteht eine böse Analogie zwischen der jetzigen Lage der Dinge und der von 1806. Auch damals waren die Russen geschlagen, Oesterreich tief gedemüthigt und zerrüttet, die deutschen Staaten ohne jeden widerstandsfähigen Zusammenhang. Das Mißverhältniß der Kräfte zwischen den zehn Millionen Preußen und den dreißig Millionen des Kaiserreichs war größer als das jetzige. Auf die Armee ward im Vergleich mit den Hülfsmitteln des Staates sehr viel gewendet. Sie war wahrlich nicht schlecht. Es waren ja großentheils dieselben Männer, welche die glorreichen Schlachten von 1813—15 schlugen. Den kriegsgewohnten französischen Heeren war sie freilich nicht gewachsen — ganz abgesehen von dem unermeßlichen Unterschiede der oberen Führung. Göthe schrieb zu jener Zeit: „wer wird der beweglichen, glücklich organisirten und mit Verstand und Ernst geführten französischen Masse widerstehen?" Dieselbe Frage wird sich jetzt aufdrängen. In der Armee war die Zuversichtlichkeit damals ohne Zweifel weit größer als jetzt. Im Inneren war einige Jahre vor der Katastrophe auf das verderbliche Regiment der Wöllner und Bischofswerder eine nach damaligem Maaßstabe liberale, aufgeklärte und wohlmeinende Verwaltung gefolgt, wie in unseren Tagen nach dem Sturze des Ministeriums Manteuffel-Westphalen-Raumer das Land aus einem schweren Traume erwachte. Von ihren Feinden nicht nur, sondern auch von ihren ehemaligen Anhängern und Schmeichlern ist diese Regierung später auf das heftigste geschmäht worden. Sie hat nach unserm Dafürhalten ein zu herbes Urtheil erfahren. Freilich entsprach sie nicht dem furchtbaren Ernst, den gewaltigen Anforderungen jener Zeit; aber unter gewöhnlichen Umständen und nach gewöhnlichem Maaße war sie keineswegs verächtlich, vielmehr aufmerksam und thätig, nicht bloß in den laufenden Geschäften, sondern auch in der Gesetzgebung und Verwaltung allerlei zu ändern und zu bessern, wenn es auch bei weitem nicht durchgreifend und energisch genug geschah. Wir pflegen uns nur des Verderbens zu erinnern, welches über sie hereinbrach, zu gedenken, wie jene Minister nach der schrecklichen Niederlage dem Volke zuriefen: „Ruhe ist die erste Bürgerpflicht.“ Ja wohl! kein Drängen, Ruhe, und wenn das Vaterland zu Grunde geht. Und doch saß unter ihnen schon der große Demokrat, der Freiherr vom Stein, der sich vor keinem Herrn der Erde scheuete. Erst im Unglück brachen die Vorurtheile der alten Zeit zusammen. Da gewann er die rücksichtslose Energie des Drängens, durch die er der erste Wiederhersteller Preußens und ein Befreier Deuschlands geworden ist. Und mit ihm und nach ihm drängten die Hardenberg, Knuth, Schön, Niebuhr, Humboldt, die Scharnhorst, Blücher und York. Wir sprechen nicht von den anderen, deren letzter erst kürzlich aus der Reihe der Lebenden geschieden ist, den Fichte, Schleiermacher, Arndt, die in Rede und Schrift ihre agitatorische Wirksamkeit zur Erhebung der Geister übten. Wir wollen nur an die Staatsmänner und Generäle erinnern, die in Rath und That mit furchtloser Selbstständigkeit jede Initiative ergriffen, die ihnen in jener großen Zeit geboten schien zum Heile des Staates, auf die Gefahr hin, als unruhige Köpfe verläumdet und verdächtigt zu werden. Möchte ein gleicher Geist walten, nicht erst nachdem, sondern bevor ein gleiches Unheil Schuldige und Unschuldige verschlingt. Die in Preußen regieren, werden bald entscheiden müssen, ob die Geschichte sie zu den Haugwitz und Schulenburg werfen, oder neben die Stein und Hardenberg und Scharnhorst stellen wird. Noch ist es Zeit, in Kurzem vielleicht nicht mehr.

Wir wissen sehr wohl, daß in politischen Dingen weit mehr darauf ankommt, wer etwas sagt, als was gesagt wird. So klug wie wir sind andere Leute auch. Es handelt sich nicht sowohl um die Einsicht und Erkenntniß, wie um das Durchsetzen und Ausführen. Das können nur die, welche Macht und Autorität haben. Aber wer ein entschlossenes Handeln verlangt, der muß auch bestimmte Ziele und Mittel und Wege angeben. Denn vage Allgemeinheiten, unbestimmte Wünsche, bloße Sympathien und Stimmungen bringen nicht vorwärts, und ebensowenig fördert das Aufstellen wünschenswerther Zwecke, für welche die Mittel fehlen. Wir wollen sagen, was nach unserem Dafürhalten jetzt geschehen kann und geschehen muß.

Die von außen drohenden Gefahren rücken für den Augenblick die auswärtige Politik durchaus in den Vordergrund. Wenn sich daher auch die innere und äußere Politik nothwendig in steter Wechselwirkung gegenseitig bedingen, und wenn in der That auch die inneren Zustände immer die Grundlage für die Macht und das Auftreten des Staates nach außen bilden, so werden doch gegenwärtig die Gesichtspunkte der auswärtigen Politik für alle Maaßnahmen entscheidend sein, und alles Andere wird sich nach ihnen richten müssen. Deshalb machen wir die auswärtigen Angelegenheiten zum Mittelpunkte unserer Betrachtung.

Wir stellen für ihre Handhabung folgende Thesen auf:

Preußen darf sein Geschick in keiner Weise an das Schicksal von Oesterreich heften;

Preußen hat für die Gegenwart nichts von den deutschen Regierungen zu erwarten;

Preußen kann zur Abwendung gemeinsamer Gefahr und zur Erreichung beiderseitiger Zwecke eine feste Verbindung nur mit der Schweiz, Belgien, Holland und unter Umständen mit England gewinnen.

Ehe wir diese Sätze im Einzelnen begründen, müssen wir noch Eines vorausschicken, ohne welches an Haltung und Erfolg unserer Politik nirgends zu denken ist, nämlich: wir dürfen keine Tendenzpolitik treiben, keine Politik, welche ihre Motive anderswoher entnimmt, als aus der wirklichen Beschaffenheit der Dinge und ihrer Beziehungen zu unseren Interessen. Die innere Politik muß ohne Rücksicht auf sociale Vorurtheile und Sonderinteressen das thun, was die materiellen und moralischen Kräfte des ganzen Volkes zu heben und zu stärken geeignet ist; die auswärtige darf nicht theoretischen Liebhabereien dienen, sondern lediglich auf das gerichtet sein, was nach unbefangener Würdigung unserer Machtstellung frommt. Man wird vielleicht sagen, daß wir selbst eine liberale Tendenzpolitik vorschlagen, statt der legitimistischen und absolutistischen, von welcher die Höfe und Diplomaten geleitet zu werden pflegen. Das müssen wir indessen ablehnen. Wir wollen keineswegs außerhalb unserer Gränzen für eine liberale Doctrin eintreten, oder aus doctrinairen Gründen Verbindungen knüpfen und lösen, wir wollen uns nur nicht durch andere Doctrinen hindern lassen, lediglich nach unseren Interessen Bündnisse zu suchen, die uns nützen können, und Bande zu meiden, von denen wir nichts zu hoffen haben. Anders ist es freilich im Inlande. Da verlangen wir entschieden eine liberale Politik, weil sie allein heutigen Tages im Stande ist, Kraft und Schwung zu verleihen, um den Ereignissen begegnen zu können. Die retrograde Schule hat durch ihr Gerede von vulgärem oder trivialem Liberalismus das Wort liberal in eine Art von Verruf gebracht, als ob auf ihrer Seite Alles tief und originell und nichts von hohlen Phrasen zu finden wäre. Wir halten dieses Wort für gut und seinen Gebrauch für zweckmäßig, weil es allgemein verständlich und ohne Beziehung auf engere Parteiunterschiede die gemeinsamen Grundzüge einer politischen Richtung bezeichnet, die Gedanken der Rechtsgleichheit und Rechtssicherheit gegen aristokratische Bevorzugungen und willkürliche Gewalt, der Selbstthätigkeit und der ungehemmten Entwicklung Aller zum Vortheil Aller, den Gegensatz gegen Lehren, die jetzt in allerlei Redensarten verhüllt zu werden pflegen, die wir aber zur Zeit der französischen Revolution noch ganz offen ausgesprochen finden, wie in einer reactionären Flugschrift l'Aristocrat: „Die Gesellschaft hat das Recht, eine Menschenklasse zum Vortheil einer anderen zur Arbeit zu zwingen; sie darf Menschen zu Sclaven machen, wenn daraus für einige ihrer Mitglieder Vortheil erwächst; ein Mensch kann das Eigenthum eines anderen sein; das Gesetz mag in einer Classe von Bürgern Gewaltthat und Verbrechen dulden, die sie in einer anderen mit Strenge bestraft." Als im Anfange der Revolution eine Emigrantin den Fürsten Kaunitz nach der muthmaßlichen Dauer der furchtbaren Erscheinung fragte, antwortete dieser: „Ah, la révolution durera longtemps, peut-être toujours." Dieser Seufzer und diese Erkenntniß des greisen Staatsmannes am Schlusse seiner langen Laufbahn hat etwas rührendes. Napoleon sprach es fester aus: le vieux système est à bout. Heutigen Tages darf sich Niemand dieser Einsicht verschließen. Die politischen Ideen, welche die französische Revolution nicht erfunden, aber in das Leben der Völker eingeführt hat, sind eine Macht geworden, die sich nicht mehr unterdrücken läßt. Man mag sie lieben oder hassen, man muß mit ihnen rechnen. Wo mit großen Kräften große Dinge erreicht sind, da ist es unter ihrem Banner geschehen. Mit den Maßregeln und Verheißungen der Revolution riefen Alexander und Friedrich Wilhelm III. ihre Völker zum Kampfe gegen Napoleon auf. Man wird nirgends Vertrauen zu den Erfolgen einer Politik fassen, welche die Bekämpfung der liberalen Ideen in ihr Programm aufnimmt. Wer etwas erreichen will, muß sich an die lebendigen, bewegenden Mächte seiner Zeit wenden. Die Welt ist heute liberal.

Wenn wir die Anforderung stellen, uns nicht an die Politik Oesterreichs zu binden, so stützen wir dieselbe auf den Grundsatz, daß kein Staat Lasten übernehmen darf, wenn ihm nicht entsprechende Vortheile dafür geboten werden, und auf die Behauptung, daß Oesterreich weder geneigt, noch im Stande ist, unsere Interessen zu fördern, während ein Bündniß mit ihm uns die schwersten und gefahrvollsten Verbindlichkeiten auferlegen würde. Da es sich um die Politik der Gegenwart handelt, um dringende Fragen und augenblickliche Gefahren, sprechen wir natürlich von dem Oesterreich, wie es gegenwärtig ist, nicht wie es möglicher Weise sein, oder sich in ferner Zukunft gestalten könnte. Wir haben das eine, große, nicht specifisch preußische, sondern allgemein deutsche Interesse einer einheitlichen, starken, der Kraft und der Kultur unseres Volkes würdigen Organisation für ganz Deutschland. Diesem Interesse will die österreichische Regierung niemals förderlich sein; sie ist ihm das größte Hinderniß, der entschiedenste Feind. Denn sie weiß, daß eine wirkliche Organisation den Schwerpunkt der Macht nach Preußen verlegen, und ihr die Disposition über die deutschen Regierungen entziehen, oder vielmehr Preußen an die Spitze des übrigen Deutschlands stellen müßte, während für die österreichischen Staaten nur ein weiteres Bundesverhältniß mit diesem Deutschland bliebe. Und wenn sie auch durch die Erfahrung des italienischen Krieges belehrt worden, daß die Hülfe der deutschen Staaten ihr im Augenblicke der Gefahr trotz der dynastischen Sympathien versagen kann, wird sie doch niemals ihrem unmittelbaren Einfluß auf dieselben, wie er ihr durch die jetzige Bundesverfassung geboten wird, entsagen. Lieber wird sie

Venedig opfern, wie sie Mailand hingegeben hat, als in diesem Punkte Concessionen machen. Was aber die Gegenseitigkeit in der Hülfeleistung gegen äußere Angriffe betrifft, so kann kein Zweifel darüber obwalten, daß Oesterreich, von den Italienern und Ungarn bedrängt, keinen Mann und keinen Gulden zur Vertheidigung Deutschlands übrig haben würde. Und eine solche Bedrängniß Oesterreichs würde in jedem Augenblick hervorgerufen werden, wenn die Franzosen einen Angriff auf den Rhein beabsichtigten. Ihr Verfahren während und nach dem italienischen Kriege hat gezeigt, daß die österreichische Regierung nicht die geringste Rücksicht auf uns nimmt, daß wir nicht den geringsten Einfluß in Wien haben. Wir dagegen würden durch das Eintreten für seinen Besitzstand willenlos an die Politik Oesterreichs gekettet, den Opfern des Krieges und dem Verluste von Provinzen ausgesetzt, ohne daß wir selbst bei einem glücklichen Ausgange den mindesten Vortheil zu hoffen hätten.

Man sagt wohl, wir würden immer noch im Verein mit Oesterreich besser als allein den Krieg gegen Frankreich führen. Wir können das nur in so weit zugeben, als die Solidarität mit ihm eine gewisse Garantie für den guten Willen der übrigen deutschen Regierungen gewähren würde, was indessen schon dadurch wieder aufgewogen würde, daß wir außerhalb Deutschlands jeder Aussicht auf Unterstützung beraubt sein würden, sobald wir die Verantwortung für die österreichische Politik übernähmen. Im übrigen leugnen wir es ganz entschieden. Wer Oesterreich rücksichtslos treffen will, kann es eben durch einen Krieg mit Italien und einen Aufstand in Ungarn ohne eine nennenswerthe weitere Unterstützung so vollständig brach legen, daß es wahrscheinlich schon in seinen Gränzen Hülfe in Anspruch nehmen, gewiß keine leisten könnte; und wir würden den Krieg gegen Frankreich allein zu führen haben, Oesterreich möchte neben uns stehen oder nicht. Die österreichische Regierung freilich würde den ungeheuren Vortheil haben, daß die französische Armee durch uns beschäftigt würde. Sie weiß, daß sie nicht einen zweiten Krieg mit Frankreich führen kann, den sollen wir auf uns nehmen, wir mögen dabei fahren, wie wir wollen, inzwischen hofft sie der Italiener und Magyaren Herr zu werden. Wir meinen, man täuscht sich auch darin. Wir meinen: wenn Oesterreich in diesem oder dem nächsten Jahre Venetien mit den Waffen in der Hand zu vertheidigen hätte, würde es nicht einmal französischer Hülfe bedürfen, um das Reich zu zertrümmern.

Als die österreichische Regierung sich aus den Zerrüttungen von 1848 und 49 siegreich erhoben hatte, traute man ihr nach der Entschiedenheit ihrer Maaßregeln, dem Hochmuth ihres Auftretens, der Größe ihrer Armee und dem Aufschwunge des materiellen Wohlstandes eine verjüngte und dauerbare Kraft zu. Wer zu erinnern wagte, daß der Boden hohl sei unter dem verhaßten Bunde geistlicher und weltlicher Unterdrückung, unter der despotischen Centralisation und dem ertödtenden Concordat, der ward in den Jahren der Reaction verächtlich abgefertigt. In Oesterreich selbst konnte man freilich überall hören, daß Vieles versäumt und verfehlt werde. Auch Anhänger des Regierungssystems gaben das zu, und pflegten nur zu entschuldigen, die Umstände verlangten eine absorbirende Anstrengung für die Armee, die sei aber auch vortrefflich. Das hätte ohne Zweifel trotz der finanziellen Schwierigkeiten und der gährenden Unzufriedenheit aller Landestheile noch lange fortgehen können, wenn nicht der Stoß von außen erfolgt wäre. Der furchtbare Schlag zerstörte die Illusion. Selbst die Armee, an sich gewiß so tüchtig wie nur irgend eine, versagte unter den unfähigen Händen, denen sie der verhaßte Einfluß des Grafen Grünne überantwortet hatte. Einen Augenblick wollte der Kaiser und seine militärische Umgebung noch sich und der Welt einreden, daß nicht die elende Führung, sondern die fehlenden Vorräthe die Niederlagen verschuldet hätten. Die mit so großem Eclat begonnenen und so tragisch geendeten Untersuchungen zeigten, daß Bestechungen, Unterschleife und Betrügereien nicht größer gewesen, als sie überall bei dergleichen Geschäften vorzukommen pflegen, jedenfalls ohne irgend einen Einfluß auf den Ausgang des Krieges; wenn die Soldaten bei Magenta hungerten, so lag das nicht an unterbliebenen Lieferungen, sondern an der Sorglosigkeit und Unordnung der für die Verpflegung verantwortlichen Officiere. Der finanzielle und moralische Banquerot war offenbar. Ueberall loderte die pessimistische Unzufriedenheit, die Gährung der Nationalitäten in hellen Flammen auf. Kein Zweifel mehr: le vieux sytème est à bout. Das Zaudern, die Rathlosigkeit, die Widersprüche in den

Personen und Entschlüssen erklären sich vollständig durch die ungeheuren Schwierigkeiten der Lage. Es scheint kein Ausweg gegeben. Europa gewöhnt sich an den Gedanken der Auflösung des mächtigen Staates, der so lange ein wichtiges Element in dem politischen Gleichgewichtssystem gewesen. In den politischen Blättern aller Nationen wird der bevorstehende Zersetzungsprozeß besprochen, in den Reden und Schriftstücken der Staatsmänner schimmert die Erwartung durch. Ein berühmter Gelehrter, an dessen conservativer Gesinnung noch weniger zu zweifeln ist als an seiner politischen und historischen Einsicht, Herr Ranke, hat in offenem Colleg erklärt, daß wir dem baldigen Zerfallen des österreichischen Staates entgegensehen müssen. In Erwartung des Krieges meinte man bereits, das Jahr 1861 als das Jahr des Zusammensturzes bezeichnen zu dürfen.

Wir gehören nicht zu denen, welche sich des drohenden Unterganges freuen, sei es aus Haß gegen eine Regierung, die, um im eigenen Lande ihr retrogrades System befolgen zu können, in ganz Deutschland und Italien die Zerrüttung und das politische Elend erhielt, sei es in der Speculation, nach der Ablösung der außerdeutschen Theile das deutsche Oesterreich für ein einheitliches Deutschland gewinnen zu können. Wie die englischen Minister nicht aus Sympathie mit den Regierungsmaximen, sondern in der Furcht, das letzte Bollwerk gegen Rußlands Herrschaft im Orient fallen zu sehen, die Erhaltung des Kaiserstaats wünschen, so meinen wir, daß es besonders für Deutschland ein sehr großes, ja ein entscheidendes Interesse ist, die politische Verbindung mit den Donauländern zu erhalten, welche nur durch den Fortbestand Oesterreichs möglich ist. Die Länder, welche sich dort von Oesterreich lösen, werden über kurz oder lang der Herrschaft Rußlands anheimfallen, und ob sie sich ihm dann wieder entreißen lassen, oder den Druck dieses Reiches auf Europa vermehren werden, ist eine bedrohliche Frage unserer Zukunft. Aber wir glauben, daß es nicht in unserer Macht steht, das Ereigniß abzuwenden. Wir können den österreichischen Staat nicht zusammenhalten, wenn er es selbst nicht mehr vermag; der Versuch dazu würde uns nur in sein Verderben verflechten. Nach unserer Ueberzeugung giebt es nur ein Mittel der Rettung, und dieses hängt nicht von uns ab, sondern lediglich von der österreichischen Regierung, nämlich die freiwillige Abtretung Venetiens. Kann sie sich dazu nicht entschließen, so wird sie auch Ungarn nicht erhalten, und wir müssen sie ihrem Schicksal überlassen.

Wenn wir uns auch nur an die Information halten, die Lord Russell kürzlich im Parlament ertheilt hat, so wissen wir, daß die für dieses Jahr in Erwartung des italienischen Krieges beabsichtigte Erhebung der Donauländer den Zweck hatte, auf Kosten Oesterreichs und der Türkei aus Ungarn und seinen Nebenländern, der Moldau und Wallachei, Bosnien, Serbien und der Bulgarei, einen mächtigen Staatenbund zu bilden. Eine Menge von Flüchtlingen sammelte sich in den Donaufürstenthümern; Kanonen, Handwaffen, Kriegsvorräthe aller Art wurden in Massen aufgehäuft. Gleichzeitig mit der dort organisirten Armee sollte Garibaldi mit Italienern und der ungarischen Legion von Dalmatien aus nach Ungarn vordringen. Fürst Cousa hat die Rüstungen nicht bloß zugelassen, sondern auch mit Hülfe Frankreichs durchgesetzt, daß die von den türkischen Behörden sequestrirten Waffen und Munition nicht, wie die Engländer wollten, nach Constantinopel ausgeliefert, vielmehr sorgsam nach Genua zurückgeschafft wurden, um für künftige Fälle bereit zu sein. Die Schilderhebung ist vertagt, weil Napoleon III. und Victor Emanuel den Angriff auf Venetien aufgeschoben haben; die wilde Gährung in den Provinzen der Türkei kann sie jeden Augenblick in das Leben rufen. Nun sind wir überzeugt, daß die große Mehrheit der Ungarn und namentlich ihrer hervorragenden Führer keineswegs gleich den Flüchtlingen die Losreißung von Oesterreich wünscht. Trotz der gegenwärtigen Aufregung und der lange genährten Erbitterung müssen die Besonnenen erkennen, daß die Verbindung mit dem deutschen Oesterreich ihnen große Vortheile sichert, daß die Trennung sie einer ungewissen Zukunft preisgiebt, daß ohne den deutschen Rückhalt die fünf Millionen Magyaren trotz ihrer gegenwärtigen Ueberlegenheit schwerlich auf die Dauer eine Suprematie unter den slavischen und romänischen Stämmen behaupten, daß sie wahrscheinlich nach langen Kämpfen entweder zu Oesterreich zurückkehren, oder der russischen Herrschaft erliegen werden. Und so lange Oesterreich nicht durch einen auswärtigen Krieg bedrängt ist, so lange der Aufstand nicht sichere Chancen hat, wird es den Gemäßigten gelingen, die extreme Partei, welche keine Versöhnung, sondern Trennung will, und den Einfluß der Flüchtlinge zu paralysiren. Diese werden aber sofort die Oberhand gewinnen, wenn die Kräfte Oesterreichs in Italien in Anspruch genommen werden; und wenn an beiden Enden der Krieg entbrennt, dann wird weder Versöhnung möglich, noch Unterwerfung zu erzwingen sein, dann wird der Osten wie der Süden verloren gehen, dann wird es heißen finis Austriae. Es ist auch nicht zu denken, daß man durchlaviren und die Ungarn beruhigen könnte, ehe es zu einem Ausbruch in Italien kommt; eine definitive Ordnung der ungarischen Angelegenheiten steht nicht in naher Aussicht, und weder werden die Italiener warten, bis dort eine vollständige Ausgleichung erfolgt ist, noch werden die Magyaren zu irgend einer Nachgiebigkeit geneigt sein, so lange der drohende Krieg verspricht, sie zu unbedingten Herren der Lage zu machen. Nur die wirkliche Beseitigung der Kriegsgefahr kann Ungarn beim Reiche erhalten, und diese ist nur möglich bei einer Abtretung Venetiens. Zur Vertheidigung beider reichen die jetzigen Kräfte des Staates in keiner Weise aus.

Wir können die Behauptung Venetiens weder, wie die Verbindung mit den Donauländern, für ein wesentliches deutsches Interesse, noch auf die Länge für möglich halten. Ohne Zweifel hat die österreichische Regierung aus der reichen Provinz große Hülfsmittel für ihre Finanzen gezogen, ohne Zweifel haben die berühmten Festungen am Mincio eine große strategische Bedeutung, ohne Zweifel ist es für den Fall des Krieges ein sehr großer Gewinn, den Feldzug in starken Positionen außerhalb der deutschen Gränzen, wie in Feindes Land eröffnen zu können, und dadurch die Noth des Krieges von den deutschen Provinzen wenigstens eine Zeit lang fern zu halten. Wie aber die Sachen jetzt stehen, nimmt die Erhaltung dieses Besitzes in dem bewaffneten Frieden so gewaltige militairische und polizeiliche Mittel in Anspruch, daß ein Ueberschuß der Einnahmen trotz der äußersten Ausnutzung des Landes schwerlich mehr vorhanden sein wird. Das Festungsviereck hat man freilich bis zum Ueberdruß für eine strategische Nothwendigkeit zur Vertheidigung des südlichen Deutschlands erklärt; wenn indessen Deutschland ein halbes Jahrtausend hindurch nicht im Besitze des Venetianischen gewesen, und niemals einen Angriff von Italien her erfahren hat, so ist es wohl erlaubt, an dieser Nothwendigkeit zu zweifeln. Die österreichischen Generale waren schon zu den Zeiten der Revolutionskriege darüber einig, daß sich am Isonzo ein sehr starkes Vertheidigungssystem herstellen lasse; und daß die Tyroler Alpen keiner besonderen Vormauer zu ihrem Schutze bedürfen, liegt auf der Hand. Jedenfalls liegt Italien unendlich viel offener für einen deutschen Angriff, als Deutschland für einen italienischen. Dazu kommt, daß die Minciolinie vortrefflich zur Vertheidigung gegen einen Angriff von Westen her geeignet ist, jedoch viel von ihrer defensiven Bedeutung verliert, wenn der Feind das Land südlich vom Po im Besitz hat und zugleich mit seiner Flotte das adriatische Meer beherrscht, weil er dann trotz jener Festungen von Süden her unmittelbar Friaul und die deutschen Küsten angreifen kann. Für die Zukunft hoffen wir nicht leicht in Kriege mit den Italienern verwickelt zu werden, und als Eroberer werden wir sie wohl nicht zu fürchten haben; so weit es sich aber für die jetzige kritische Zeit wirklich nur um eine militärische Deckung handelt, könnte dafür durch den Vorbehalt eines österreichischen Besatzungsrechts in Verona und Mantua auf einige Jahre vollständig Sorge getragen werden. Das Ungewöhnliche des vorgeschlagenen Verkaufs, das angeblich Ehrenrührige, eine Provinz abzutreten, ehe sie durch das Schicksal der Schlachten verloren gegangen, der Widerwille gegen das revolutionäre und räuberische Piemont, endlich die geheime Hoffnung, vom Venetianischen aus das Verlorene wieder zu gewinnen, nachdem sich die Napoleonischen Fluthen verlaufen, werden der Abtretung wahrscheinlich unübersteigliche Hindernisse bereiten. Vorurtheile und Rücksichten der Etiquette sollten billig schweigen, wo die Erhaltung des Ganzen auf dem Spiele steht. Wir wünschen die Rettung Oesterreichs und darum die Abtretung Venetiens, während sie noch retten kann. Uebrigens giebt es ja eine gute und zukunftreiche Entschädigung, die Donaufürstenthümer. Die Anwartschaft auf diese für den Fall des Zusammenbrechens der Türkei möchten wir dem Wiener Hofe garantiren, und vielleicht ließe sich auch England dazu bereit finden, da sich in diesem Falle der kriegerische Conflict doch schwerlich vermeiden läßt, und da die österreichische Herrschaft an der unteren Donau den Russen den Weg nach Constantinopel wirksam verlegen würde.

Der entscheidende Grund, weshalb wir wünschen, daß Oesterreich auf Venetien Verzicht leiste, weshalb wir fordern, daß Preußen nicht für diesen Besitz eintrete, weshalb wir es mit Freude gesehen, daß das Haus der Abgeordneten, die Presse und die öffentliche Meinung sich entschieden gegen ein solches Eintreten ausgesprochen, bleibt immer, daß wir die Behauptung für unmöglich halten. Sollten Oesterreich und Preußen sogar in ihrer jetzigen Lage aus einem Kriege gegen Frankreich, Italien und Ungarn siegreich hervorgehen, so würde sich unzweifelhaft der Kampf um Venetien bei jeder Gelegenheit erneuern. Ein gesicherter Besitz wird es niemals werden. Seit 1848 ist die österreichische Herrschaft in Italien nur eine militärische Besetzung feindlichen Landes. Im Beginne des italienischen Krieges sprachen es beide Theile ziemlich übereinstimmend aus, entweder müßten die Oesterreicher wieder in ganz Italien gebieten, oder gänzlich daraus vertrieben werden. Es giebt kein drittes. Glaubt man in der That, die freiheitliche und nationale Bewegung Italiens niederwerfen, die Dinge auf den Zustand der dreißiger Jahre zurückschrauben, Piemont vernichten, die ganze Halbinsel unter die Fremdherrschaft beugen zu können, wohlan, man versuche es. Wir meinen, es wird nicht leicht Jemand an das Gelingen eines solchen Unternehmens glauben, oder es im Ernste für ein deutsches Interesse erklären. Wer aber auf so ausschweifende Pläne verzichtet, wer die unabhängige Constituirung Italiens als eine Thatsache anerkennt, die nicht mehr rückgängig zu machen, der wird auch zugeben müssen, daß der Rest des österreichischen Gebietes in Italien über kurz oder lang verloren gehen muß, daß er bis dahin nur mit unaufhörlichen Opfern an Blut und Kräften, unter ewigen Zuckungen, unter fortwährender Beunruhigung Europas behauptet werden kann. Die Italiener können dieses Land nicht entbehren. Die offenen Provinzen des nördlichen Italien, in welche jedenfalls für die nächste Zeit der Schwerpunkt des Reiches fallen wird, liegen zwischen den französischen Alpenpässen und den österreichischen Festungen schutz- und vertheidigungslos. Der neue Staat kann erst durch seine Ausdehnung bis zum adriatischen

Meer Sicherheit, Selbstständigkeit und Lebensfähigkeit gewinnen. Er wird und muß alle seine Kräfte aufbieten, um in den Besitz des Venetianischen zu gelangen, und die ungetheilten Sympathien dieses Gebietes kommen ihm entgegen. Es ist ein rein italienisches Land. Es giebt dort keine deutsche Bevölkerung, nicht einmal eine deutsche Partei. Wir sind nicht gemeint, dem Nationalitätsprincip eine zersetzende Ausschließlichkeit der Geltung einzuräumen; nicht blos in Grenzdistrikten, in Provinzen gemischter Bevölkerung und in eingeschlossenen Gebieten muß es sich der eine oder andere Theil gefallen lassen, einem Staate mit überwiegend fremder Nationalität anzugehören; es giebt auch Landestheile, deren Abtrennung ein Staat niemals zugeben kann, weil sie ihm zu seiner ökonomischen oder politischen Existenz unentbehrlich sind. Aber das venetianische Königreich können wir nach seiner Größe, seiner Lage, seiner selbständigen Bedeutung in keine dieser Kategorieen rechnen. So lange hier die Oesterreicher herrschen, sind die Italiener gezwungen sich unbedingt an Frankreich anzuschließen und den Bund aufrecht zu halten, welcher Oesterreich mit dem Untergange, Deutschland mit dem Verluste der Rheinlande bedroht. Sobald Italien durch den Erwerb Venedigs seine volle Unabhängigkeit erlangt hat, wird es sich nicht Frankreich dienstbar machen, um dessen Uebermacht zu vermehren und Deutschland zu dessen Vortheil zu berauben. Es ist eine alte französische Maxime, daß ein geeinigtes und starkes Italien nicht zu dulden sei. Ohne Zweifel wünscht der Kaiser es nicht, wünscht jedenfalls die Consolidirung hinzuhalten, bis er in der Verbindung mit Italien auch seinen Hauptzweck erreicht hat. Wenn Jules Favre erklärt, daß ein einheitliches Italien, und selbst ein einheitliches Deutschland kein Nachtheil und keine Gefahr für Frankreich sei, hat er freilich Recht, insofern weder Italien noch Deutschland die Gränzen und die Freiheit Frankreichs bedrohen wird; aber gegen eine französische Machtstellung im Napoleonischen Sinne bildet ein starkes Italien gewiß ein erhebliches Gegengewicht, wie neben einem gut organisirten Deutschland von der prätendirten Weltherrschaft nicht mehr die Rede sein könnte, wenn nicht Frankreich gleichzeitig eine Ausdehnung und einen Machtzuwachs weit über seine bisherigen Gränzen erlangte. Man weis't in Frankreich laut genug auf die Gefahr hin, daß in

Italien ein zweites Preußen mit antifranzösischer Tendenz entstehen, und daß dieses südliche Preußen sich gelegentlich mit dem nördlichen zum Nachtheil Frankreichs verbinden werde. Allerdings werden beide das gleiche Interesse und gemeinschaftlich auch die Macht haben, den übergreifenden Anmaaßungen Frankreichs ein Ziel zu setzen.

Um so mehr meinen wir, daß Preußen Ursache hat, die rasche und vollständige Constituirung des Königreichs Italien zu wünschen und zu fördern, und daß es sich weder durch unerwiderte Gefälligkeit gegen österreichische Verstocktheit, noch durch Rücksichten legitimistischer Doctrinen verleiten lassen darf, dieser Constituirung im Kleinen Hindernisse zu bereiten, oder gar im Großen entgegen zu treten. Es stimmte weder mit unseren Interessen, noch mit unserer Würde, in Worten für die verfallenden Gewalten Partei zu nehmen, denen wir nicht helfen konnten, oder gar den französischen Kaiser anzurufen, daß er als Protector der Legitimität das klägliche Verenden der bourbonischen Herrschaft in Gaeta ein Paar Wochen hinhalten möchte. Prinz Napoleon hat einen nicht eben glimpflichen Hohn über diese unfruchtbaren Intercessionen für eine verlorne Sache ergossen. Laß die Todten ihre Todten begraben. Die Grafen und Herren mögen dem Könige Franz Monumente widmen. So lange aber die Perponcher und Schlippenbach dem preußischen Dienste angehören, sollen sie ihre Stellung nicht mißbrauchen, den preußischen Namen dem Haß und der Verachtung preiszugeben. Uns ist daran gelegen, daß wenigstens an einem Punkte Europas eine haltbare Ordnung hergestellt, und daß damit Italien dem gebieterischen Drucke Frankreichs entzogen werde. Durch unsere Anerkennung des Königreichs Italien, durch unsere Zustimmung zur Einverleibung Roms würden wir das italienische und unser eigenes Interesse fördern. Die lange Unterbrechung des diplomatischen Verkehrs hat sich schon einmal in Spanien schlecht bewährt, und dürfte im gegenwärtigen Falle noch weniger räthlich sein. Ein größeres Verdienst um beide Theile wäre es, in Betreff Venetiens ein friedliches Abkommen herbeizuführen. Dazu ist freilich wenig Hoffnung. Oesterreich wird sein „wir können nicht" entgegensetzen gleich dem Papste. Es möge die Folgen tragen. Indessen könnte es doch vielleicht einigen Eindruck in Wien machen, wenn unzweideutig erklärt würde, daß Preußen unter keinen Umständen für den unhaltbaren Besitz Geld und Blut aufwenden wird, dagegen bereit ist, an der Donau und in der orientalischen Krisis die österreichische Politik zu unterstützen.

Eine große Frage wird sich noch an die nationale Gestaltung Italiens knüpfen. Die oberste Leitung der Kirche hat sich seit Jahrhunderten ausschließlich in italienischen Händen befunden. Nun wird zwar die geistliche Gewalt des Papstthums bei dem Untergange seiner weltlichen Herrschaft keine Gefahr laufen; aber die Besorgniß liegt nahe, daß jene fortan im Dienste einer nationalen Politik Italiens geübt werde. Bisher gab es eine solche nicht, und zum Ersatze konnte den Italienern die Herrschaft in der Kirche zugestanden werden. Tritt Italien als eine Großmacht mit eigener Politik in das europäische Staatensystem ein, so werden es sich die anderen Nationen schwerlich auf die Dauer gefallen lassen, daß zugleich ihre innersten Angelegenheiten von Italienern beherrscht werden. Entweder eine größere Unabhängigkeit nationaler Kirchen, oder eine andere Organisation der höchsten Kirchenregierung wird sich als unabweisbare Forderung aufdrängen. Aber diese Frage gehört der Zukunft an, nicht der preußischen Politik der Gegenwart.

Es ist jetzt üblich geworden überall zu versichern, daß man nicht aus Sympathieen, sondern lediglich aus Interessen Politik machen wolle. Da jeder Mensch sowohl Sympathieen als Interessen hat, pflegt der Unterschied nicht sehr groß zu sein; denn nicht leicht hat Jemand große Sympathieen für das, was seinen Interessen entschieden widerspricht. Nun würde freilich eine Politik, die nur aus Sympathieen handele und sich nur auf Sympathieen stützen wollte, nicht weit kommen. Sympathieen können nicht die Kanonen ersetzen. Aber dennoch sind die Sympathieen, wenn sie bei Vielen oder bei Mächtigen auftreten, eine reelle Macht, unter Umständen eine sehr große Macht, und ein Staatsmann muß daher, auch wenn er sich selbst völlig rein davon hielte, jedenfalls die Sympathieen Anderer berücksichtigen. Wir meinen, daß in der italienischen Sache die populären Sympathieen mit den Interessen der preußischen Politik vollständig zusammenfallen. Die da glauben, daß die österreichische Herrschaft in einem Theile Italiens wirklich ein wesentliches deutsches Interesse sei, werden der preußischen Regierung mit Recht die

Aufgabe stellen, Oesterreich in der Behauptung Venetiens zu unterstützen. Die Meisten aber, die gegen die italienische Bewegung Partei nehmen, und Preußen zu nutzloser oder gefahrvoller Feindseligkeit gegen dieselbe treiben wollen, thun das lediglich aus doctrinären Sympathieen; sie wollen Preußen zu einem Don Quixote der Legitimität machen, der für die fallenden oder gefallenen Autoritäten seine Rosinante gegen die Windmühlen sporne. Vor 200 Jahren schrieb der größte Staatsmann der protestantischen Welt, Oliver Cromwell: „der Satz, daß das Volk dem Könige gehöre, beginnt in der Welt ausgepfiffen zu werden." Heutigen Tages gewinnt dieser Satz, auf den alle Folgerungen der Legitimität in ihrem letzten Grunde hinauslaufen, keine Sympathieen mehr. Er ist eine Phrase der Etiquette geworden. Wehe dem, der sich auf ihn stützen wollte! Das Gerede von Piemonts räuberischer und ehrloser Politik, von frevelhafter Empörung gegen gottgeordnete Obrigkeit, von unantastbarem Recht der Staatsgewalt hilft zu nichts. Der unbefangene Sinn, unter dem Einflusse der Ideen und Gefühle unserer Zeit gebildet, läßt sich durch keine Sophistereien verleiten, für die verrottete, schmachvolle Wirthschaft der bourbonischen oder päpstlichen Regierung Partei zu ergreifen. Er fühlt sympathisch mit der hoffnungsreichen Erhebung eines Volkes aus demoralisirenden Zuständen, und findet hier einen der Fälle, in denen die Heiligkeit der Verträge und des formellen Rechts weichen muß vor den höheren sittlichen Mächten, die in der geschichtlichen Nothwendigkeit walten. Man sieht sich eine That vollenden, die zu den folgenreichsten der neueren Geschichte gehören wird, man ahnt, daß die Zukunft die Männer, die sie vollbracht, zu den Helden der Völker stellen wird. Und Alles, was dem Unternehmen noch fehlen könnte um die Gemüther der Menschen zu ergreifen, den Reiz des Romantischen, der aufopfernden Hingebung, der Uneigennützigkeit und des Heldenmuths hat Garibaldi hinzugefügt, als er mit 800 Männern auszog ein Königreich zu bezwingen. Was aber den König von Sardinien betrifft, so hat er, indem er die Regierungen niederwarf, die unter dem Schutze der Fremden die Völker Italiens mißhandelten, nur dieselben Principien zur Geltung gebracht, welche die Helden der großen Zeit von 1813 verkündeten. „Vor allen Verträgen haben die Nationen ihre Rechte," schrieb König Friedrich Wilhelm III. In seinem und Alexanders Namen weihte die berühmte Proclamation Kutusows die deutschen Dynastien, die sich dem Fremden anschließen und der nationalen Erhebung entziehen würden, der verdienten Vernichtung. Den gleichen Grundsatz vertritt die von Niebuhr verfaßte Staatsschrift über Preußens Recht gegen den sächsischen Hof. Die Grafen von Maurienne, Herzoge von Savoyen, Könige von Sardinien sind zu Beherrschern des geeinigten Italien geworden. Tausende deutscher Männer, und nicht der schlechtesten, harren dem Augenblicke entgegen, in welchem die Grafen von Hohenzollern, Kurfürsten von Brandenburg, Könige von Preußen auch das letzte Ziel erreichen gleich jenen.

Das Ziel einer Umgestaltung der politischen Verhältnisse Deutschlands wird die Politik Preußens unter allen Umständen im Auge halten müssen. Im Jahre 1848 stimmten selbst die Radowitz und Blittersdorf der allgemeinen Verurtheilung der Bundesverfassung zu, und versicherten, das Ungenügende und Unhaltbare derselben längst erkannt, sowie auf ihre Verbesserung hingearbeitet zu haben. Nach 1850 verspotteten die Organe des Herrn v. Manteuffel die Wiederbelebung des Eschenheimer Gassen-Clubs — kurze Zeit ehe Preußen seinen Beitritt erklärte, und alle Reformpläne als schätzbares Material zu den Acten genommen wurden. Die Schmähreden gegen die Bundesversammlung sind natürlich sehr überflüssig, da die Bundestagsgesandten nur zu thun haben, was ihre Regierungen wollen. Aber das bittere Gefühl, daß die Verhandlungen und das Auftreten dieser Versammlung, welche die nationale Einheit der deutschen Staaten repräsentiren soll, eine klägliche Wiederholung des Regensburger Reichstags, nirgends den gerechtesten Ansprüchen, weder den materiellen, noch den moralischen Interessen des Volkes entsprechen, nur die Ohnmacht und die Zerrissenheit Deutschlands offenbaren und unser politisches Dasein der Verachtung aller Nationen preisgeben, dieses Gefühl ist herber und allgemeiner geworden, seitdem die Theilnahme am öffentlichen Leben größer ward, und seitdem die von außen drohenden Gefahren überall die traurige Unsicherheit unserer Lage zum Bewußtsein bringen. Zu einer durchgreifenden Aenderung drängt Alles hin. Daß die Abhülfe nur in einer fest n Concentration der

Volkskräfte, mindestens in militairischer, diplomatischer und handelspolitischer Beziehung gesucht werden kann, ist Jedem klar, und die Stimmen werden häufiger in allen Theilen Deutlchlands, welche bereit sind, ihre besonderen Interessen, ihren Haß und ihre Liebe dem großen Zwecke des Ganzen zum Opfer zu bringen. Seitdem die Einsicht, daß vor allen Dingen eine starke Gewalt zur Erreichung politischer Erfolge nothwendig ist, an den Erfahrungen von 1848 und an dem Beispiele Frankreichs gewachsen ist, und seitdem Oesterreichs Zerrüttung unläugbar geworden, wenden sich die Blicke trotz vielfacher Antipathieen in immer größerem Umfange Preußen zu. Welche Gestalt die Organisation der Zukunft gewinnen wird, ob die außerösterreichischen Staaten gewissen Rechten ihrer Souveränität zu Gunsten einer von dem preußischen Könige getragenen Centralgewalt entsagen werden, ob eine Reihe derselben gänzlich verschwinden wird, ob etwa die berufene Trias in der Form in's Leben treten könnte, daß das nördliche Deutschland mit Preußen, Baden und Würtemberg mit Baiern vereinigt würden und beide Staaten mit Oesterreich einen Bund bildeten — das vermag noch keines Sterblichen Auge zu erschauen. Das gehört noch dem Reiche der bloßen Wünsche an. Die Speculationen darüber sind nutzlos, weil die Mittel zur Realisirung fehlen. Da die deutschen Dynastien sich niemals mit freiem Willen in irgend einem Punkte unterordnen werden, wird die große Umgestaltung nur unter dem äußersten Drucke der Umstände von außen oder von innen zu Stande kommen, in einem langen und schweren Kriege oder in Folge von Revolutionen. Vielleicht wird beides zusammentreffen. Aber im Kriege sind wir noch nicht; den Weg der Revolution kann, will und wird die preußische Regierung nicht betreten. So bleibt für jetzt nur eine vorbereitende, agitatorische Thätigkeit übrig, wie sie Presse und Vereine üben mögen. Die preußische Regierung kann nur durch ihre innere und auswärtige Politik das Vertrauen und die Zuneigung des deutschen Volkes gewinnen. Ein unmittelbares Handeln zum Zwecke der Einigung ist ihr nicht möglich.

Nur das Eine darf sie niemals vergessen, daß sie die Mehrzahl der deutschen Regierungen in keinem Falle gewinnen kann, weder für eine dauernde Organisation, noch auch nur für augenblickliche Zwecke. Eine Kriegführung mit den Contingenten und in den Formen der Bundesverfassung ist völlig unmöglich; in früheren Fällen haben

Oesterreich und Preußen sie bei Anzeichen äußerer Gefahr sofort hintenangestellt und durch anderweitige Abkommen ersetzt. Jetzt will man keine Abweichung zulassen, weil eine, wenn auch nur vorübergehende Suprematie Preußens daraus hervorgehen würde. Die vieljährige Erfahrung hat gelehrt, daß man am Bundestage, abgesehen von den Maaßregeln polizeilicher Unterdrückung, niemals mit einer großen politischen Handlung oder Einrichtung vorwärts gekommen ist. Und doch ist er das einzige einigende Band geblieben. Man darf das schmutzige Wasser nicht fortgießen, wenn man kein reines hat. Aber seitdem Preußen 1859 erklärte, sich in der Kriegsfrage nicht den Beschlüssen der Mehrheit fügen und sich nicht der Bundeskriegsverfassung unterwerfen zu wollen, ist dieses Band sehr unzuverlässig geworden. Es liegt uns sehr ferne, den damaligen Entschluß Preußens tadeln zu wollen, im Gegentheil finden wir ihn durchaus geboten und nothwendig; indessen können wir uns nicht verhehlen, daß fortan bei jeder wichtigen Entscheidung jede Regierung sich unter Berufung auf jenen Vorgang das eigene Ermessen vorbehalten wird, und daß wir uns seitdem nirgends mehr auf unbedingte Bundestreue verlassen dürfen. Ebenso wenig ist auf freiwillige Vereinbarungen zu rechnen. Nach der Zusammenkunft von Baden-Baden erzählten allerdings officiöse Federn von der schönen Einmüthigkeit der deutschen Fürsten, und wie sie dem französischen Kaiser imponirt haben müsse. Ihm sollten höflich gewundene Worte und zweideutige Erklärungen imponirt haben! deren Resultat jener Entwurf einer Kriegsordnung war, mit welchem die Staaten der Würzburger Conferenzen Preußen verhöhnt haben. Man will sich eben in keiner Weise einer preußischen Führung unterordnen, und so wird jede kräftige, gemeinschaftliche Action unmöglich.

Herr v. Borries hat es laut erklärt, die hannoversche Regierung werde die bereite Hülfe Frankreichs anrufen, ehe sie ihre Souveränität zu Gunsten einer preußischen Centralgewalt schmälern lasse, und der König von Hannover, der da hofft, daß sein Haus in der bisherigen Weise fortregieren werde bis an das Ende aller Tage, hat ihn dafür in den Grafenstand erhoben. In Baiern versicherten uns sehr angesehene und conservative Männer, die Stimmung sei dort während des italienischen Krieges am Hofe und in der Armee der Art gewesen, daß man lieber nicht nur mit Oesterreich, sondern sogar mit Frankreich gegen Preußen, als mit Preußen gegen Frankreich zu Felde gezogen wäre. Der alte König von Würtemberg stellte sich bekanntlich vor zehn Jahren mit jubelnder Freudigkeit dem Kaiser Franz Joseph zum Kriege gegen Preußen zur Disposition, und noch neuerdings ließ man dort die Liste der nach dem badenschen Feldzuge von preußischen Kriegsgerichten Verurtheilten wieder abdrucken, um durch diesen Fingerzeig den erwachenden Sympathieen der liberalen Partei für Preußen entgegen zu wirken. Und was haben die Herren von der Pfordten, von Beust, von Dalwigk, die Grafen Rechberg und Borries — ob sie nun einstens liberale Professoren gewesen, oder, wie Sir James Graham von Lord Palmerston sagte, schon in ihrer Jugend gräuliche alte Tories — was haben diese Männer, die so unerschütterlich in der Gunst ihrer Herren stehen, Anderes gemein, als den rücksichtslos zur Schau getragenen Haß gegen Preußen? Daß man an den meisten Orten denkt wie in Hannover, daß man die französische Einmischung herbeirufen würde, um die separatistische Hoheit gegen preußische Einigungsversuche zu behaupten, und daß daher ein ernstliches Vorgehen in dieser Richtung nach der jetzigen Lage der Dinge völlig unmöglich ist, kann nicht zweifelhaft sein. Aber dieselbe Widerwilligkeit, welche eine einheitliche Leitung der deutschen Angelegenheiten ausschließt, macht auch die Aussicht auf eine wirksame Hülfe der deutschen Staaten im Falle eines Krieges zwischen Preußen und Frankreich sehr gering. Die einzige Armee, welche als selbstständiger Organismus von Bedeutung ist, die bayerische, würde durch die Deckung der Südgränzen, vielleicht durch einen Hülferuf Oesterreichs in Anspruch genommen werden. Man scheint sich schon jetzt darauf einzurichten. Die Truppen der übrigen Staaten sind zu schwach für eine eigene Organisation, und eine gemeinschaftliche läßt sich in dem Augenblicke des ausbrechenden Krieges nicht mehr herstellen. Wir würden die Misere der alten Reichskriege sich erneuern sehen. Was etwa von Truppenkörpern der kleineren Staaten verwendbar bliebe, würde höchstens zur Besetzung der deutschen Küsten und zur Paralysirung der dänischen Armee ausreichen, und die Last des französischen Krieges würde auf Preußen allein fallen. Das Mißtrauen in die eigenen Kräfte und zu einem glücklichen Erfolge der preußischen Waffen würde hinzukommen. Daß man sich irgendwo freiwillig, etwa zum Zwecke eigener Vergrößerung an Frankreich anschließen würde, ist zwar nicht wahrscheinlich, wenn nicht aus deutschem Patriotismus und Nationalgefühl — darauf dürfen wir seit der Erklärung des Herrn von Borries keine Hoffnung mehr bauen — so doch in der Ahnung, daß man durch ein solches Bündniß bei einem künftigen Umschwung der Dinge „der verdienten Vernichtung" anheimfallen könnte; aber daß man sich unter allerlei Vorwänden zurückhalten, eine ernstliche Theilnahme vermeiden, bei gebotener Gelegenheit einen Separatfrieden suchen würde, in der Hoffnung, den Sturm vorüber brausen zu lassen, das dürften wir bald erleben.

Der Widerwille der deutschen Dynastieen gegen Preußen ist zu tief in der Natur der Menschen und der Dinge begründet, als daß er sich beseitigen ließe. Er beruht nicht auf einzelnen Mißhelligkeiten oder Uebergriffen des Starken gegen den Schwachen. Darin hätte Preußen gewiß keinen Vorzug vor Oesterreich. Wer hätte anmaßender an einen deutschen Fürsten geschrieben, wie Graf Rechberg an den Herzog von Coburg, als er dem Nationalverein eine Stätte gewährte? Wo wäre ein deutscher Regent härter mißhandelt worden, wie der König von Hannover in einer Wiener Zeitung, als er in der Furcht, daß ein Handel auf seine Unkosten geschlossen werden könnte, nach Berlin eilte und in Baden zu erscheinen wünschte? Wann wäre eine deutsche Regierung rücksichtsloser dem Spott und dem Unwillen Preis gegeben worden, wie die sächsische in der Sache des Grafen Teleki, als man in Wien eine Großmuthsscene aufführen wollte? Der Grund liegt darin, daß die Regierungen sich, wie einst die Rheinbundstaaten von Napoleon, so jetzt von Oesterreich lieber gelegentliche, schwere Unbilden gefallen lassen, als daß sie sich einem regelmäßigen System der Unterordnung und gar einer Beschränkung ihrer Machtvollkommenheit über ihre Unterthanen fügen. Jenes betrachten sie wie einen äußeren Schicksalsschlag, dem auch der Mächtigste unterworfen ist. Eine Ordnung der Dinge, die eine Begränzung des souveränen bon plaisir zum Prinzip macht, wird wie eine fortgesetzte persönliche Kränkung empfunden. Man weiß, daß Oesterreich von keiner Veränderung etwas zu hoffen hat, daß sein System auf die Erhaltung des Bestehenden gerichtet ist, daß es seinen Bundesgenossen die absolute Souveränität garantirt, und höchstens einmal die Kräfte ihrer Länder in Anspruch nimmt, um gemeinschaftlichen Gefahren zu begegnen. Nach seinem Muster konnten die protestantischen Fürsten von Baden, Würtemberg und Hessen-Darmstadt unter dem Widerspruch ihrer katholischen Unterthanen die verhaßten Concordate zur dauernden Unterdrückung der Geister schließen. Unter seinem Schutze hoffen die Kleinen, die ebenfalls nichts von Veränderungen zu erwarten haben, bei etwas besserem Glück als die italienischen Fürsten, ihre Allgewalt durch die bedrohliche Gegenwart in eine glücklichere Zukunft hinüber zu retten. Preußen dagegen gehört nach seiner Geschichte, seiner Lage, seinen Existenzbedingungen zu den vorwärts strebenden Mächten. So lange es nicht der Vernichtung entgegen geführt wird, muß es nach einer Umgestaltung des deutschen Staatensystems, nach einer Concentration der deutschen Kräfte streben, welche von den einzelnen Staaten unwiderbringliche Opfer verlangt. Eine deutsche Centralgewalt macht dem interessanten Souveränitätsspiel mit Diplomatie und Militär ein Ende, und zugleich ist offenbar, daß das große Werk nur unter der populären Theilnahme der Völker, nur unter der Anrufung der nationalen und liberalen Ideen vollbracht werden wird. Ein doppelter Grund des Abscheues, den nur die eisernste Nothwendigkeit, die dringendste Besorgniß um die Existenz überwinden wird.

Man verlangt nicht selten in der jetzigen Verfassung Deutschlands von der preußischen Regierung gleichsam als eine Bewährung ihres deutschen Berufs die Erledigung zweier Angelegenheiten, deren gegenwärtige Lage allerdings für Preußen und für ganz Deutschland gleich wenig ehrenvoll ist, der kurhessischen und der schleswig-holsteinschen Sache. Das scheint uns zur Zeit ein unbilliges Ansinnen.

Der Churfürst von Hessen würde preußischen Ermahnungen, wenn sie auch durch einen Anderen als Herrn von Sydow übermittelt würden, schwerlich viel Gehör schenken. Er hat nicht einmal wie Carl X. für die Krone eines Enkels Sorge zu tragen, sondern befindet sich in der Lage, seinen despotischen Neigungen und der Vermehrung seines Vermögens leben zu können. Après nous le déluge. Im Bundestage hat Preußen nicht die Macht, die früheren Beschlüsse umzustoßen; eine bewaffnete Intervention auf eigene Hand ist nicht thunlich. Es fehlen also die Mittel etwas durchzusetzen.

Was Schleswig-Holstein betrifft, so halten wir die für Zeit sehr wenig geeignet, in der Sache dieser Länder entscheidende Schritte zu thun. Die zuvorkommende Bereitwilligkeit, mit welcher mehrere deutsche Regierungen und namentlich die österreichische sich jetzt der Herzogthümer annehmen und sowohl die Verhandlung des Streites wie die Durchführung der in Aussicht stehenden Gewaltmaaßregeln in die Hände Preußens legen wollen, vermögen wir kaum anders zu erklären, als aus dem Wunsche, Preußen durch den dänischen Zwist im Voraus zu engagiren und sicherer als durch den zweifelhaften Erfolg eines Bundesbeschlusses in den Krieg mit Frankreich zu verwickeln, damit Oesterreich seine Sache in Italien ohne französische Einmischung ausfechten könne. Desto behutsamer wird Preußen verfahren müssen, um nicht gerade auf diesem Punkte die Freiheit des Entschlusses zu verlieren und unter vermehrter Ungunst der Verhältnisse in den Krieg getrieben zu werden. Die angedrohte Bundesexecution, welche nur die holsteinsche Finanzfrage betrifft, könnte an sich ohne sonderliche Gefahr vollstreckt werden. Die Großmächte sind darüber einig, daß der Bund zu dieser Execution im deutschen Bundesgebiet unzweifelhaft berechtigt ist, und die Dänen würden ihr sicher keinen Widerstand leisten, wenn sich auch vereinzelte Stimmen dafür vernehmen lassen. Aber an dieser Bundesexecution in Holstein liegt uns sehr wenig. Praktisch würde ihr einziger Erfolg sein, daß den Dänen die Beiträge Holsteins zu den Staatsrevenüen entzogen wären, so lange die Executionstruppen im Lande ständen, und dafür würden sich die Dänen einigermaßen durch den Umstand revanchirt fühlen, daß Holstein die Kosten und Lasten der Execution zu tragen hätte. Es ist möglich daß die dänische Regierung sich in dieser rein holsteinschen Angelegenheit zu einem Abkommen herbeiläßt, da dieselbe nicht von übermäßiger Bedeutung für sie ist, und da augenblicklich der Druck ihres letzten Verfahrens in der Budgetfrage auf ihr lastet, eines Verfahrens, welches lediglich in die Kategorie der gemeinen Gaunerstreiche gehört. Einen weiteren Zwang würde die Bundesexecution nicht auf sie ausüben. Politisch wäre diese Maßregel daher von geringem Werthe. Militärisch hätte sie die Bedeutung, schon jetzt ein Bundesheer nach Holstein zu legen, was im Falle eines Krieges mit Frankreich jedenfalls nothwendig sein wird. Die Hauptsache, nämlich der Mißhandlung der deutschen Bevölkerung in Schleswig ein Ende zu machen, die alten gemeinsamen Rechte der Herzogthümer zur Geltung zu bringen, die dänische Regierung zur Erfüllung ihrer vertragsmäßig übernommenen Verbindlichkeiten zu nöthigen, die wird durch die Bundesexecution gar nicht getroffen, sondern kann nur durch einen Krieg erreicht werden. Wir halten einen solchen Krieg für völlig gerechtfertigt, aber es ist eben ein Krieg, denn in Schleswig kann der deutsche Bund keine Execution vollstrecken. Und für einen dänischen Krieg wäre die Zeit übel gewählt. England, Rußland und Frankreich stehen gleichmäßig auf der Seite Dänemarks, und die Hülfe Frankreichs ist ihm unzweifelhaft zugesagt. Der dänische Krieg würde also zugleich ein französischer sein, und Frankreich dabei den doppelten Vortheil haben, einmal die nicht ganz verächtliche Beihülfe der dänischen Armee und in Dänemark eine vortreffliche Operationsbasis für den Angriff auf den Norden Deutschlands zu gewinnen, und sodann bei einem Kriege aus dieser Veranlassung der Neutralität Englands und unserer Isolirung völlig sicher zu sein. Die Dänen würden vielleicht geneigt sein, sich auch sonst bei einem französischen Kriege aus freien Stücken zu betheiligen, indessen dann würden sie wohl durch englische Drohungen zur Ruhe gewiesen werden. Jetzt dagegen würde den Engländern der dänische Streit ein willkommener Vorwand sein, dem Angriff Frankreichs und der Vergrößerung, die ihm daraus erwachsen könnte, ruhig zuzusehen. Noch kürzlich hat im Oberhause nicht bloß der alte wilde Graf Ellenborough, sondern auch der diplomatische Vertreter der Regierung Lord Wodehouse unter Ausfällen auf den ländergierigen und händelsüchtigen deutschen Bund versichert, daß man Frankreich in diesem Falle freie Hand lassen müsse, so bedrohlich auch die Sache werden könne. Wir meinen, daß die Politik Lord Palmerstons in der dänischen Angelegenheit von Anbeginn eine sehr verkehrte gewesen ist, aber sie ist nun einmal die Politik Englands geworden. Es handelt sich natürlich nicht im mindesten um die anfängliche staatsrechtliche Frage, diese querelle allemande, von welcher nach dem Ausdruck eines englischen Staatsmannes der Teufel selbst nichts versteht. Der wahre Grund der Parteinahme für Dänemark scheint lediglich der zu sein, daß Lord Palmerston meinte, in diesen für England nicht sehr erheblichen Sache ohne Schadem dem russischen Kaiser gefällig sein und dessen Politik unterstützen zu können. Denn die ostensiblen Gründe, daß Dänemark — ein Bundesgenosse und vielleicht einmal ein Erbtheil Rußlands — eine Vormauer gegen die russische Herrschaft in der Ostsee und als solche nicht geschwächt werden dürfe, sowie daß die Verbindung der Herzogthümer und ihres trefflichen Kriegshafens mit Deutschland eine ferne Gefahr für England enthalte, sind kindisch. Nur bei der englischen Unkenntniß ausländischer Verhältnisse konnten sie Eingang finden. Später kam die Geringschätzung der wirren Zustände Deutschlands und die Sympathie mit der erfolgreichen Energie Dänemarks hinzu, die öffentliche Meinung dafür zu gewinnen, und jetzt vor allem der Fanatismus der Ruhe, welcher die Dänen im Besitz und folglich in den Deutschen den angreifenden Theil erblickt. Mag Unrecht thun oder leiden, wer da will, wenn nur nicht der europäische Friede durch Zänkereien bedroht wird, die England gleichgültig sind. Dieser Gedankengang schimmert durch alles Gerede der dänenfreundlichen Presse, während die Regierung den einmal eingeschlagenen Weg nicht wohl verlassen kann. Wir werden darin für jetzt nichts ändern.

So befindet sich die Preußische Regierung in einem vitiösen Zirkel; man verlangt, daß sie sich der speciellen Fragen deutscher Politik bemächtige, um zu einer Einigung Deutschlands zu gelangen, und diese Einigung ist nothwendig, um die einzelnen Fragen mit Erfolg in die Hand nehmen zu können. Weder das Eine noch das Andere steht in Preußens Macht. Wir glauben daher, daß die Abrechnung mit Dänemark auf die Zukunft verschoben werden muß. Ehe Deutschland durch eine feste innere Organisation oder durch die zuverlässige Verbindung mit einer anderen Großmacht die volle Freiheit des Handelns gewinnt, wird es bald aus innerem Zwiespalt, bald aus Furcht vor fremder Interventionen nirgends zu einer befriedigenden Wahrnehmung seiner Ehre und seiner Interessen gelangen. Der Schimpf des dänischen Uebermuths mag ein Stachel im Fleische des deutschen Volkes bleiben, der es antreibe das einzige Mittel zu ergreifen, welches seine Schmach enden kann. Preußen muß erst eine feste Position suchen, die ihm Deutschland nicht gewährt, ehe es seine und Deutschlands Sache führen kann.

Frankreich, Rußland und England können mit Sicherheit auf sich selbst beruhen. Ihr Einfluß auf die Geschicke der Welt mag steigen oder fallen. Ihr Ansehen kann durch widrige Umstände leiden, ihre Macht für einige Zeit durch Niederlagen gebrochen werden; aber es läßt sich kaum denken, daß irgend ein Mißgeschick diese Reiche in ihrem wesentlichen Bestande gefährden könnte. Sie sind kein Object für Eroberung oder Abfall. Die beiden deutschen Großmächte befinden sich nicht in der gleichen Lage. Sie können sich nicht vor Stürmen sichern, indem sie sich von den Welthändeln zurückziehen und isoliren. Bei ihren Kriegen handelt es sich nicht blos um die Machtstellung nach außen, sondern um das eigene Gebiet. Oesterreich ringt in äußerster Zerrüttung um sein Dasein. Preußen ist von Angriffen bedroht, denen es unter den obwaltenden Verhältnissen nicht gewachsen ist. Es kann nicht in seiner gegenwärtigen Lage bleiben. Es darf um seiner Selbsterhaltung willen nicht abwarten und stille stehen. Es muß vorwärts.

Das Gefühl der Unsicherheit ist sehr allgemein geworden. Das Verlangen, diesen unerträglichen Uebelstand zu enden, scheint bisher nur zu einem bestimmten Entwurfe geführt zu haben, dessen Ausführung mit Recht verworfen wurde, nämlich dem Plane einer Alliance Preußens mit Frankreich und Rußland, welche Herr von Bismarck-Schönhausen während seines hiesigen Aufenthaltes im vorigen Frühjahr zu Stande zu bringen suchte. Nach französischem Vorschlage sollte Preußen gegen eine Entschädigung in Deutschland das linke Rheinufer an Frankreich abtreten, was die Einverleibung Belgiens von selbst nach sich gezogen hätte. Wenn eine Pariser Zeitung berechnete, daß Preußen bei diesem Abkommen zu einem Staate von mehr als dreißig Millionen werden würde, muß man an eine Vereinigung des ganzen außerösterreichischen Deutschland mit Preußen gedacht haben. So weit ist die Freigebigkeit des Kaisers auf fremde Kosten, wenn es überhaupt bis zu bestimmten Anerbietungen gekommen ist, schwerlich gegangen. Hier ward, so viel wir wissen, nur von Hannover, Braunschweig, Mecklenburg und Hessen gesprochen. Der Plan schien in militärischen Kreisen einigen Anklang zu finden. Ein Offizier in einflußreicher Stellung setzte uns auseinander, daß der Eintausch dieser Länder gegen die Rheinlande die militärische

Stärke Preußens erheblich vermehren würde. Wenn dies aber auch nach der absoluten Wehrkraft Preußens richtig, mußte man doch selbst unter diesem Gesichtspunkte zugeben, daß relativ, mit dem gewaltigen Zuwachs Frankreichs verglichen, das Verhältniß der beiderseitigen Kräfte sehr bedeutend zum Nachtheil Preußens verändert sein würde. Indessen kann diese Sache unmöglich nach bloß militärischen Rücksichten beurtheilt werden. Preußen kann niemals deutsche Gebiete abtreten, ehe die äußersten Anstrengungen zu ihrer Vertheidigung erschöpft sind. Eine freiwillige Preisgebung würde Preußen für immer erniedrigen. Keine Aussicht der Freiheit und des Fortschritts könnte damit versöhnen. In allen Gauen Deutschlands würde der Ruf ertönen, daß Preußen vernichtet werden müsse. Die nationalen Hoffnungen würden sich nur noch auf Oesterreich wenden, den Despotismus lieber wählen, als die Freiheit. Die Integrität Deutschlands geht jeder anderen Rücksicht vor. Der Hintergedanke einer dereinstigen Wiedereroberung würde das frevelhafte Spiel mit dem Schicksal von mehreren Millionen Deutschen nur noch gehässiger machen. —

Nachdem der Gedanke eines französischen Bündnisses wegen der daran geknüpften Consequenzen zurückgewiesen worden, sind nur noch vergebliche Versuche zu einer festeren Organisation in Deutschland gemacht. Die bloße Umgestaltung der deutschen Kriegsverfassung würde ohne eine Concentration der politischen Leitung immer von zweideutigem Werthe sein; aber selbst in dieser Beziehung sind von den deutschen Regierungen keine Concessionen zu erreichen. Die Conferenzen von Baden und Teplitz sind resultatlos verlaufen, wie die von Warschau. Die Lage ist geblieben. Man ist nirgends einen Schritt weiter gekommen.

Ob nicht unter Umständen dennoch eine Verbindung mit Frankreich zur Erreichung beiderseitiger Zwecke ohne Aufopferung deutschen Bodens möglich wäre, und in gewissen Fällen allein übrig bliebe, das ist eine andere Frage. Jedenfalls würde die ungeheure Gefahr irgendwelcher Verstärkung Frankreichs und die schiefe Stellung, in welche die Verbindung mit dem übermächtigen Nachbaren Preußen zu bringen drohte, eine solche Verbindung nur als das letzte Auskunftsmittel rathsam machen. Es ließe sich denken, wenn Preußen die

Einverleibung Belgiens und der französischen Schweiz zuließe, seine Neutralität in einem etwaigen Kriege Frankreichs gegen England verspräche, und einer Regulirung der orientalischen Verhältnisse nach französischen Plänen seine Unterstützung sicherte, daß alsdann Frankreich in eine Umgestaltung Deutschlands einschließlich der nordalbingischen Herzogthümer willigte und sich zur Beihülfe gegen eine anderweitige fremde Intervention verpflichtete. Aber ein solches Schalten der Mächtigen über das Dasein der Schwachen wäre das Ende alles Rechts und aller Moral in der internationalen Politik. Der beiderseitige Vorbehalt, daß Frankreich seinen Absichten auf die deutschen Rheinlande doch nicht entsagen, daß Preußen baldmöglichst durch eine andere Coalition die Uebermacht Frankreichs zu brechen suchen würde, ließe eine solche Auseinandersetzung nur als eine Vorbereitung künftiger Kriege erscheinen, nimmer an einen dauernden Frieden in Europa denken. Es wäre ein Ausweg der Verzweiflung.

Preußens Beruf ist, der weiteren Vergrößerung Frankreichs Widerstand zu leisten, nicht ihr zu dienen. Darauf beruht seine Sicherheit, seine Stärke, seine Stellung in Europa.

Wenn Preußen nun unzweifelhaft in seinen Gränzen bedroht und mit seinen alleinigen Kräften dem Kampfe nicht gewachsen ist, wenn Rußland — durch seine sociale Umgestaltung, durch die Gährung Polens, durch die Aufmerksamkeit auf die Wirren des Orients in Anspruch genommen — und Oesterreich — in seiner ganzen Existenz schwer gefährdet — keine Hülfe in Aussicht stellen, wenn die Desorganisation Deutschlands nicht die Mittel gewährt, mit denen einem starken Feinde zu begegnen wäre, so bleiben als mögliche Bundesgenossen nur die kleineren Staaten an Deutschlands Gränzen, die ebenso unmittelbar wie wir und in noch höherem Maße durch die Eroberungsgelüste des kaiserlichen Frankreich bedroht sind. Genf, die Simplonstraße, wo möglich die ganze französische Schweiz auf der einen Seite, ganz Belgien und die südlich vom Rhein gelegenen Theile Hollands auf der anderen werden nach ihrer Bevölkerung und nach ihrer Lage unzweideutig als natürliche und nothwendige Dependenzen Frankreichs in Anspruch genommen. Eine Ratificirung der Einverleibung durch das allgemeine Stimmrecht würde sich nach erfolgter Besitzergreifung hier so gut bewirken lassen, wie in Savoyen und Nizza. Auf die Schweiz, deren Südwestgränze seit der Besetzung Savoyens kaum zu vertheidigen ist, und mit der fortwährende Reibungen unterhalten werden, könnte leicht der erste Schlag fallen. Gegen Belgien wird zwar schwerlich etwas unternommen werden, so lange eine Coalition zwischen Preußen und England zu seinem Schutze möglich bleibt, aber ein Blick auf die Landkarte zeigt, daß die politische Selbstständigkeit des Landes eine Unmöglichkeit ist, sobald Frankreich den Besitz der preußischen Rheinlande erlangt und damit Belgien völlig umspannt. Jedenfalls würden die Absichten auf diese Länder sofort zur Ausführung gebracht werden, wenn Preußen niedergeworfen und dadurch jeder kontinentale Widerstand ausgeschlossen wäre. Selbst wenn Preußen nicht schwer genug getroffen würde, um die eigenen Provinzen aufzugeben, wenn der Kaiser eine schnellere Beendigung des Krieges dem möglichen größeren Erfolge vorziehen, oder wenn er die Assimilationskraft Frankreichs nicht für groß genug halten sollte, um so gewaltige Massen auf einmal zu bewältigen, würde die Preisgebung der außerdeutschen Gränzländer unzweifelhaft die Bedingung des Friedens sein — eben wie der Kaiser von Oesterreich in Villafranca die Annexion Parmas bewilligte, ohne daß etwas darüber in den formellen Vertrag aufgenommen ward, weil er nach der richtigen Bemerkung des Prinzen Napoleon allerdings kein Recht hatte, über dieses Herzogthum zu verfügen. Die gemeinschaftliche und augenscheinliche Gefahr könnte wohl ein Bündniß zu Stande bringen, nach welchem Preußen sich verpflichtete, jene Staaten gegen jeden Angriff auf ihr Territorium, unter welchem Vorwande er auch erfolge, mit den Waffen zu vertheidigen, und diese, sich activ und sofort an jedem Kriege zu betheiligen, in den Preußen aus irgend einer Ursache mit Frankreich verwickelt werden könnte. Ein solches Bündniß würde allen Betheiligten einige Sicherheit gewähren. Die Schweiz, Belgien und Holland können gegen 150,000 Franzosen beschäftigen, weit mehr als Oesterreich in seiner jetzigen Lage zu leisten vermöchte; mit dieser Hülfe können wir den Kampf aufnehmen und den Ausgang erwarten. Es gilt noch heutigen Tages, wie zur Zeit Macchiavellis, daß der erste Anprall der Franzosen das Gefährlichste und schwer zu pariren ist; eine Verlängerung des Kampfes bringt die Sache ins Gleichgewicht. Stände Preußen allein der ganzen Macht Frankreichs gegenüber, so wüßten wir nicht, wo sich unter den jetzigen Verhältnissen der Muth und die Mittel zur Fortsetzung des Krieges finden sollten, wenn wir eine Niederlage am Rhein erlitten und die französische Armee in Westphalen vorgedrungen wäre. Bei einigem Rückhalte jenseits des Rheins brauchten wir nicht zu besorgen, durch eine verlorene Schlacht außer Gefecht gesetzt zu werden.

Im vorigen Sommer hörten wir von einem der Räthe im Ministerium der auswärtigen Angelegenheiten, daß man dort für den Fall des Krieges auf die unmittelbare Theilnahme der genannten Staaten zähle, daß man aber vorgängige Stipulationen für unthunlich halte, weil sie unübersehbare Verbindlichkeiten auferlegen, Frankreich provociren und somit den Zusammenstoß herbeiführen könnten. Als wir bald darauf Gelegenheit hatten, mit einem der leitenden Staatsmänner der Schweiz hierüber zu sprechen, fanden wir unsere Voraussetzung bestätigt, daß diese Annahme auf einer Täuschung beruhe, daß trotz der anerkannten Gefahr ohne eine vorhergehende, bindende Verabredung nichts in der Welt die Schweiz bei einem Angriff Frankreichs auf Preußen in die Waffen bringen würde. Auch ob es gelingen würde, einen Bund zu Schutz und Trutz mit Preußen zu Stande zu bringen, ist keineswegs zweifellos. Die Fabrikanten der nördlichen Kantone und die Furchtsamen aller Orten, welche 1859 die von dem Bundespräsidenten Stämpfli verlangte Besetzung des nördlichen Savoyen hintertrieben, werden aus allen Kräften jedem Schritte widerstreben, der den letzten schwachen Hoffnungsschimmer der vertragsmäßigen Neutralität gefährdet. Es ist sehr erklärlich, daß man immer noch hofft, durch Zurückhaltung und Schmiegsamkeit den Sturm zu beschwichtigen, daß man lieber die Rettung versuchen möchte, indem man sich vor dem Gewaltigen beugt, als indem man ihm in Verbindung mit dem Schwächern trotzt. Man verwahrt sich in der Schweiz wie in Belgien nicht selten gegen die Insinuation, daß man die Neutralität aufzugeben und eine Verbindung gegen Frankreich einzugehen beabsichtigen könne. Doch lassen sich namentlich in der Schweiz schon häufiger und dringender die Stimmen vernehmen, welche einen festen Anschluß an

Deutschland als das einzige Rettungsmittel verlangen. Wir meinen, daß die Gründe für das Eingehen auf derartige Vorschläge Preußens entscheidend sein müßten: die unverhüllten Eroberungsgelüste Frankreichs, die Hoffnungslosigkeit eines Widerstandes ohne fremde Hülfe, die Aussicht, daß Preußen, überall zurückgewiesen, den oben angedeuteten Ausweg ergreifen und die kleineren Staaten, die sich nicht mit ihm retten wollen, an Frankreich preisgeben könnte, ehe es durch einen aussichtslosen Krieg dazu gezwungen wird.

Jedenfalls sollte der Versuch gemacht werden.

Wir erkennen vollkommen an, daß namentlich in den Angelegenheiten der auswärtigen Politik der berufene Satz vom beschränkten Unterthanenverstande einige Berechtigung hat. Nicht daß wir an sich unseren Verstand gegen den Durchschnittsverstand der Diplomaten zurückstellten, aber wem nicht die genauere diplomatische Information zu Gebote steht, der befindet sich nicht im Besitze des vollständigen Materials; er kann nicht die persönlichen und sachlichen Nebenumstände, nicht alle in Betracht kommenden Beziehungen, nicht die unvermeidlichen Rücksichten und Hemmnisse würdigen, welche seinen Plänen entgegenstehen mögen, nicht die kleinen Ursachen, welche große Wirkungen haben können. Indessen sind in der neueren Geschichte regelmäßig die großen allgemeinen, jedem zugänglichen Verhältnisse so überwiegend, daß sich in den meisten Fällen auch ohne jene mitwirkende Umstände ein Urtheil darüber bilden läßt, was zu meiden ist und was zu thun, und daß sich die kleineren Hindernisse meist durch ernsten Willen überwinden lassen, wenn es sich um große Dinge handelt. Napoleon hat einmal gesagt, die Hauptsache in der Kriegführung sei die Psychologie. Wenn der große Meister dies sogar von seiner Kunst zugiebt, wird es mindestens eben so sehr in der Politik gelten. Eine gründliche Menschenkenntniß wird am sichersten beurtheilen, was wir unter gegebenen Verhältnissen von den Menschen zu erwarten, wessen wir uns von ihnen zu versehen haben. Wir finden nicht, daß die Minister der auswärtigen Angelegenheiten immer die besten Psychologen gewesen.

Die allgemeinen Gründe, die preußischerseits gegen Verbindungen der gedachten Art geltend gemacht werden können, scheinen uns nicht stichhaltig. Freilich würden sie uns binden, aber wir sind einmal nicht in der Lage, auf uns allein stehen und uns allein die Entscheidung vorbehalten zu können. 1806 hatte Preußen sich auch die freie Hand gewahrt — die volle Freiheit, ohne Halt und Stütze zusammenzubrechen. Aus Sympathie für uns wird sich Niemand in den Krieg mit Frankreich stürzen. Wir müssen etwas bieten, wir müssen Lasten und Gefahren auf uns nehmen, wenn wir Andere für den Schutz und die Förderung unserer Angelegenheiten gewinnen wollen. Und was heißt: nicht provociren? Ist Napoleon III. nicht gereizt worden, als man ihm eine ebenbürtige Gemahlin versagte? sollte er nicht einigen Groll gegen Preußen hegen? weiß er nicht, daß Preußen 1859 bereit war über ihn herzufallen, wenn Oesterreich sich gewissen Anforderungen fügte? trauet er Preußen nicht den guten Willen zu, ihm nach Kräften entgegen zu wirken? Die Revanche für Waterloo nimmt in den Napoleonischen Ideen eine bedeutende Stelle ein; er hebt hervor, daß der erste Napoleon Recht hatte, Preußen mit besonderer Erbitterung zu bekämpfen. Aber Provocationen würden nur dann einen feindlichen Zusammenstoß herbeiführen, wenn sie als wirkliche Beleidigungen die öffentliche Meinung Frankreichs herausforderten. Anderenfalls wird er die Zeit lediglich nach seinen Interessen, nach seinen Aussichten auf den Erfolg wählen. Wir glauben freilich, aus einigen kleinen Zügen schließen zu dürfen, daß er dem Gefühl der Rache nicht unzugänglich ist; doch wird sich dieser Mann durch keine leidenschaftliche Wallung verleiten lassen, gegen seinen Vortheil zu verstoßen. Blinde Rachsucht wird ihn nicht hinreißen. „Die Rache ist ein Gericht, welches kalt genossen werden muß.“ Gereizte Stimmungen, gespannte Verhältnisse lassen sich heutigen Tages nicht vermeiden. Jedes Handeln, jede Uebernahme von Verbindlichkeiten kann Verwicklungen und Gefahren herbeiführen, aber mit der bloßen Vorsicht kommt man nicht weiter. „Behutsamkeit ist eine Bürgermeistertugend,“ sagte Cromwell. Und in unserer gegenwärtigen Lage ist es sogar die größte aller Gefahren, nichts zu thun. Nur bequem ist es, die Augen zu schließen und die Hände in den Schooß zu legen. Unsere isolirte Schwäche führt unfehlbar den gefürchteten Angriff herbei. Wir müssen aus dieser Stellung hinaus. Wir sind unrettbar verloren, wenn die Dinge bleiben, wie sie sind.

Ließe sich ein solcher Bund zu gegenseitiger Vertheidigung herstellen, so könnten die betheiligten Staate einem französischen Kriege ohne Zweifel mit Ruhe entgegensehen, und wahrscheinlich würde er sogar für die nächste Zeit ganz vermieden. Denn bei der Bedenklichkeit des Ausgangs, bei der Gewißheit langer und schwerer Kämpfe, die alsdann vorhanden sein würde, wäre ein Krieg aus frivolen, oder den unmittelbarsten Interessen Frankreichs fern liegenden Gründen kaum noch zu erwarten. Die Chancen wären nicht mehr günstig genug. Die Verbindung mit Italien, welches doch nur Oesterreich in Anspruch nehmen würde, wäre nicht ausreichend. Der Kaiser würde erst andere Kombinationen aufsuchen müssen, ehe er hoffen könnte, die östlichen Gränzen Frankreichs vorzuschieben.

Eine weit höhere Sicherheit für die Erhaltung des Friedens würde freilich eine Uebereinkunft mit England bieten; daran ist indessen trotz aller Gründe, die darauf hinweisen, für jetzt schwerlich zu denken. In früheren Zeiten pflegte man hier die Bundesgenossenschaft Englands für den Fall eines französischen Krieges als selbstverständlich vorauszusetzen. Die letzten Jahre haben das geändert. Die engere Verbindung zwischen England und Frankreich, die feindselige Haltung der englischen Regierung gegen Deutschland und besonders gegen Preußen, die gleichmäßige Stimmung der öffentlichen Meinung, wie sie durch die tonangebende Presse theils hervorgerufen, theils repräsentirt wird, lassen von dort wenig erwarten. Das wüste Geschrei, welches bei der elenden Macdonaldschen Geschichte erhoben wurde, die fanatische Parteinahme für Dänemark, die verächtliche Behandlung Deutschlands, die von den Staatsmännern und den Zeitungen gleich oft wiederholte Drohung, uns unserem Schicksal überlassen zu wollen, sind nur daraus zu erklären, daß man wo möglich Preußen einschüchtern, falls aber der Friede nicht zu erhalten, vor sich selbst die eigene Unthätigkeit beschönigen will. Man setzt dort die vollständige Niederlage Preußens als unzweifelhaft voraus, man nimmt an, daß die Abtretung der deutschen Rheinlande die Folge sein werde, man kann sich nicht verhehlen, obwohl dies nicht ausgesprochen zu werden pflegt, daß die Einverleibung Belgiens auf die Eroberung des Rheinufers folgen muß, und doch denkt man neutral zu bleiben. Der Zuwachs der großen Hülfsmittel Belgiens für die französische Marine, der Kriegshafen Antwerpen neben Cherbourg, das wäre freilich eine furchtbare Bedrohung der englischen Küsten. Auch wird Napoleon III. seine Absichten auf dieses Land ebenso entschieden abläugnen, wie einst auf Savoyen. Aber, wenn wirklich die preußische Macht gebrochen und die Besetzung Belgiens eine Thatsache geworden, dann würde ein englischer Widerstand schwerlich mehr versucht werden, und wenn er unternommen würde, schwerlich noch von Erfolg sein. Die von Lord Palmerston geleitete Politik verfährt jetzt mit dem französischen Kaiser genau, wie einst mit dem russischen. Man fürchtet seine Macht und seine Pläne, aber man hofft ihm einen Zaum anzulegen, seinen Entwürfen die gefährlichste Spitze abzubrechen, indem man hier nachgiebt, dort mäßigt, eine Solidarität der Interessen herzustellen sucht, wo möglich gemeinschaftliche Sache mit ihm macht und anderweitige Verbindungen durchkreuzt. Das ist ohne Zweifel eine elende und niedrige Politik. Der querköpfige Urquhart ruft seinen Landsleuten ein Mal über das andere zu: you are a debased and rotten race. Sie wird so sicher, wie einst mit Nicolaus zu dem Bruche führen, den sie vermeiden sollte. Aber wenn wir sie tadeln, mögen wir Angesichts unseres eigenen Verhaltens bedenken, daß die Engländer nur mit dem größten Mißtrauen auf die deutschen Zustände blicken können, daß sie besser als wir im Stande sind, zu temporisiren und mit größerer Zuversicht der letzten Entscheidung entgegen zu sehen, wenn sich endlich der Friede nicht mehr erhalten läßt. Sie sind weniger nahe bedroht; sie hoffen auch im schlimmsten Falle noch den Kampf bestehen und die See behaupten zu können; sie meinen, daß sie uns mehr zu gewähren, als von uns zu erwarten haben. Dennoch scheint es, daß die Politik des Abwartens und Gewährenlassens einmal ein Ende nehmen muß, daß man den Krieg am Rhein nicht ohne Furcht für das eigene Haus betrachten kann, daß man es rathsamer finden darf, jetzt im Verein mit Deutschland, als später allein zu fechten. Denn wenn in der That Preußen zu Boden liegt und Belgien verschlungen ist, dann könnte doch der Augenblick kommen, daß Frankreich und Rußland die orientalischen Angelegenheiten unter Ausschluß Englands ordneten, und daß endlich mit oder ohne russische Hülfe auch die letzte Demüthigung über England hereinbräche, die französische Invasion.

Obwohl die neuesten Herzensergießungen über den dänisch-deutschen Streit im Parlament und in den ministeriellen Zeitungen von keiner Sinnesänderung zeugen, könnte doch das unvermeidliche Näherrücken der orientalischen Frage, das Todeszucken der Türkei, die englischen Staatsmänner geneigt machen, eine Verbindung mit Preußen zu suchen sobald sie hier Vertrauen zu einer ernstlichen Kraftanstrengung fassen. Da man in England auf Oesterreich nicht mehr rechnet, sondern sich an den Gedanken gewöhnt, dieses Gewichts in dem europäischen Uhrwerk entrathen zu müssen, bleibt Preußen die einzige continentale Macht, welche England gegen eine russisch-französische Entscheidung im Orient unterstützen kann. Preußen hat dort nur das Interesse, daß Rußland kein zu gefährliches Uebergewicht erlangt, wie England an einer kräftigeren Constituirung Deutschlands nur das Interesse haben kann, daß ein Wall gegen die wachsende Uebermacht Frankreichs aufgerichtet werde. Ein Abkommen, nach welchem Preußen sich zur Unterstützung jeder englischen Maaßnahme im Orient verpflichtete, und England unter Zusicherung seines Beistandes gegen jede fremde Intervention die Ordnung der deutschen Angelegenheiten an Preußen überließe, würde die Lasten und Vortheile dieses Bündnisses ziemlich gleich vertheilen. Ein solches würde gegen jeden europäischen Krieg aus irgend einer anderen Ursache eine sichere Garantie bieten, und selbst in der orientalischen Frage bei dem Gleichgewicht der Macht, welche zwischen England, Preußen und einigen kleineren Staaten auf der einen Seite, Frankreich und Rußland an der anderen bestehen würde, höchst wahrscheinlich zu einem friedlichen Vergleiche führen. Nur setzt die Haltbarkeit und Wirksamkeit einer Uebereinkunft, welche die Ruhe und Unabhängigkeit der europäischen Staaten sichern soll, nothwendig voraus, daß man den vergeblichen Versuchen entsagt, unrettbar verfallene, zu immer neuen Wirren Anlaß gebende Zustände aufrecht zu halten, daß man sich entschließt, in Deutschland wie im Orient zu neuen, positiven Gestaltungen zu schreiten, die wenigstens eine erträgliche Ordnung in Aussicht stellen, wenn auch noch kein definitiver Abschluß zu hoffen steht. Aber daran wird Alles scheitern. Man wird nicht die Thatkraft finden, eine so große Conception zu fassen und auszuführen. Gleichmäßig am Bestande des Alten, wie an der Gründung des Neuen verzagend, wird man zu keiner Einigung kommen, wird man dem einen Entschlossenen überall die Handhaben zum Eingreifen und Uebergreifen lassen, wird man zaudern und laviren, bis einen nach dem anderen das Verderben ereilt.

Wohl thäte es Noth, daß ein anderer Wilhelm von Oranien die Macht der Vorurtheile, der Trägheit und der Unentschlossenheit bräche, und eine Coalition in das Leben riefe, stark genug die übermüthige Herrschaft eines Mannes und einer Nation zu brechen. Vor dem Drohen einer solchen Coalition würde er zurückweichen und sich einer Ordnung fügen, in welcher Frankreich nicht über, sondern neben den anderen Völkern Europa's stände. Marmont erzählt, wie er im höchsten Glanze des Kaiserthums — Marschall, Herzog, Gouverneur von Illyrien geworden — nach Paris gekommen, und wie da der eigene Marineminister Napoleons seinen Enthusiasmus mit der rauhen Erklärung unterbrochen habe: das könne nicht dauern, der Kaiser sei verrückt, positiv verrückt, in fünf Jahren werde Alles vorbei sein. Selbst damals blendeten die ungeheueren Erfolge nicht Alle. Napoleon III. hat sich mit den Ursachen des Unterganges der Regierungen beschäftigt. Noch hofft er seine Dynastie fest zu gründen. Er weiß, daß auch ihm der Untergang prophezeit wird, vielleicht in seiner nächsten Umgebung. Er weiß, daß ein Umschwung, daß schon ein Schwanken des Glückes ihn stürzen kann. Er weiß, daß Millionen über seinen Fall frohlocken würden. Er weiß, daß auch über ihn dereinst das Triumphlied erschallen könnte:

The desolator desolate,
The conqueror o'erthrown,
The disposer of others' fate
A beggar for his own.

Er wird einer mächtigen Verbindung nicht Trotz bieten. Aber noch scheint die Stunde dazu nicht gekommen. Wir werden erst durch die Schule der Leiden gehen müssen. Auf ein englisches Bündniß ist schwerlich zu hoffen. Die Frage, ob mit England abzuschließen, wird wohl nur in dem Falle ernstlich an die preußische

Regierung herantreten, wenn England vor uns zur Entscheidung der Waffen gedrängt würde.

Jeder Versuch unsererseits, zu einer Sicherung unserer Lage durch eine außerdeutsche Verbindung zu gelangen, wird wiederum dasselbe erfordern, was wir ohnehin als eine Grundbedingung für jeden Erfolg der preußischen Politik aufstellten, nämlich die unbedingte Verzichtleistung auf eine Unterstützung Oesterreichs in der Behauptung Venetiens. Weder die Schweiz, noch England können und werden jemals für die österreichische Herrschaft in Italien eintreten, und so lange sie besorgen müssen, daß Preußen durch eine Solidarität mit Oesterreich in dessen Kriege verwickelt werden könnte, werden sie auf keine vorgängige Verbindung mit Preußen eingehen. Dann wird es eben bleiben, wie es ist. Kein Staat will sich für die unsicheren Verhältnisse, für die zweideutigen Interessen des anderen verbindlich machen; jeder will sich die Freiheit des Handelns vorbehalten; jeder will den richtigen Augenblick für sein Einschreiten abwarten, und der kommt nie, bis die Entscheidung gefallen und alles Weitere zu spät ist.

So lange Preußen lediglich auf sich selbst angewiesen ist, wird sich seine Politik in der Defensive halten, auf die Vorbereitung beschränken müssen. Ehe es irgendwo eine festere Position gewonnen, sei es durch eine zuverlässige Verstärkung in Deutschland, oder durch eine auswärtige Verbindung, kann es nach außen keine selbstständige Initiative ergreifen, keine Frage mit Aussicht auf Erfolg in die Hand nehmen. Es darf sich daher auch nicht zu verfrühten Unternehmungen drängen lassen, weder in Venetien, wo es nach unserem Dafürhalten ohnehin nichts zu thun hat, noch in Schleswig-Holstein, wo allerdings preußische Ehre und Interessen engagirt sind. Da von der öffentlichen Meinung und den Sympathieen Deutschlands, die das Einschreiten verlangen, die nothwendige, thätliche Unterstützung in einer augenblicklichen Gefahr nicht zu erwarten ist, dürfen Rücksichten der Popularität auch nicht die Entschließungen über das Handeln der Gegenwart bestimmen. Eine endgültige und vollständige Lösung durchzusetzen hat Preußen jetzt nicht die Macht; ein halbes und ungenügendes Abkommen würde nur neue Unehre herbeiführen. Man hat schon zu oft gespottet, Preußen bellt, aber es beißt nicht.

Auswärts komme es, wie es wolle, das hängt nicht von der

preußischen Regierung allein ab. Das aber steht vollständig in ihrer Gewalt, dafür ist sie ganz allein verantwortlich, das Innere so zu gestalten, daß man im Inlande und Auslande Vertrauen fasse zu ihrer Kraft und zu ihrem Willen. Das ist die erste Bedingung, sowohl für die Gefahren des Augenblicks, um die eigenen Kräfte zu steigern und fremde zur Hülfe zu gewinnen, wie für alle Aussichten der Zukunft, um dauernde Grundlagen für die Größe des Staates zu schaffen und im deutschen Volke die moralischen Eroberungen zu machen, die Stärke und die Einmüthigkeit der Gesinnung hervorzurufen, welche allein den Widerstand der Höfe überwinden und die politische Einigung Deutschlands sichern können, das einzige Heil für jetzt und alle Zeit. Wir dürfen in dem furchtbaren Ernst der Dinge keine gefällige Rücksicht, keine unzeitige Schonung üben gegen diejenigen, von denen wir niemals etwas zu erwarten haben. Wer nicht für uns ist, der ist wieder uns. „Der Haß schadet Niemandem," wenn er mit Furcht verbunden ist — oderint dum metuant — „Verachtung ist es, was die Menschen stürzt." Als Herr v. Manteuffel in Olmütz Buße that, als er die hochtönend verkündete Union fallen ließ und in den geschmähten Bundestag einkehrte, als er sich von der feierlich übernommenen Verpflichtung für das hessische Recht auf die Besetzung der Etappenstraße zurückzog, als er die Sache der Herzogthümer nicht aufgab, sondern selbst mitwirkte, den Dänen, die nur Schleswig verlangten, auch Holstein unter die Füße zu werfen, da konnte es scheinen, als sollte das Gestirn des großen Friedrich für immer am Himmel erbleichen. Listige Gewalt nach innen, muthlose Schwäche nach außen charakterisirten diese Politik. Wir haben Vieles gut zu machen, viele Scharten auszuwetzen. Man fing an, Preußen sehr gering zu achten. Aber Andere werden sich anschließen, wenn sie hier wieder Selbstvertrauen, Energie und ernsten Willen erblicken. Muth und Entschiedenheit weckt Zutrauen. Die Hauptsache bleiben immer wir selbst. Andere werden nicht retten, wenn wir nicht selbst das Beste thun.

Müssen wir allein stehen, nun dann bedarf es um so mehr der höchsten, ungewöhnlichsten Anstrengung aller Kräfte, wenn wir den Kampf mit Ehren bestehen, wenn wir nicht schnell und schmählich unterliegen sollen. Nicht gewachsen der französischen Uebermacht, wie wir sind, können wir für uns allein nur durch das Aufbieten aller Mittel, nur durch die allgemeinste und aufopferndste Hingebung einen Widerstand organisiren, der dem stärkeren Feind den Sieg streitig macht, und der in seiner Verlängerung den Gegner erschöpfen, oder doch endlich Bundesgenossen in's Feld rufen würde, mit deren Hülfe wir von der Vertheidigung zum Angriff übergehen könnten. Das läßt sich nicht im Augenblicke des beginnenden Krieges, auch nicht durch verrauschende Worte und enthusiastische Ausbrüche bewirken. Dazu bedarf es großer, energischer Vorbereitung, einer Stählung und Hebung der materiellen wie der moralischen Volkskräfte, eines durchdringenden Aufschwungs, der nicht mit den Momenten der Aufregung verfliegt, sondern die ausharrende Kraft zu Thaten giebt. So lange die Traditionen von 1813 lebendig blieben, wußte man die begeisterte und begeisternde Theilnahme des Volkes in der großen Erhebung zu würdigen; später sollten die großen Staatsmänner und Generale, die Entwürfe der Cabinette und die Maaßregeln der Regierungen Alles gethan haben. Freilich werden die Vielen nichts leisten, wenn sie nicht Organisation und Führer finden, aber ebenso bedürfen nicht nur die hervorragenden Einzelnen des Vertrauens und der freudigen Zustimmung, sondern sie ziehen auch die eigene wirkende Kraft aus dem Geiste und der Stimmung ihrer Zeit; von ihr erfüllt und getragen, vollbringen sie das Große. Das gilt auch von der Armee. Festigkeit und Haltung muß ihr die Disciplin, technische Fertigkeit die Dressur geben; aber die höchsten und zu den höchsten Leistungen befähigenden kriegerischen Tugenden, die lebendige Selbstthätigkeit, die unternehmende Thatkraft, die active Entschlossenheit, welche auf eigene Verantwortung handelt, die fließen nur aus dem Geiste des Ganzen in die Armee und ihre Führung über. In dem Heere, als besonderem, von dem übrigen Volke gelöstem Organismus, können sie erst durch lange Gewohnheit im wirklichen Kriege ausgebildet oder ersetzt werden; daran ist bei den Uebungen des Friedens, auch den zweckmäßigsten, nicht zu denken. In den dreißiger Jahren schrieb eine österreichische Militärautorität, der General v. Langenau: Preußen komme als Freund oder als Feind nur dann erheblich in Betracht, wenn sich die Regierung in voller Uebereinstimmung mit der Gesinnung des Volkes befinde. Diese

Bemerkung sollten sich die Lenker des Staates immer gegenwärtig halten; sie gilt von uns in weit höherem Grade, als von den anderen Großmächten, bei denen das Mechanische und Materielle hinlänglich Wucht hat, um allein zu wirken. Darin kann Preußen es ihnen nicht gleich thun. Während die übrigen mit den bereiten Mitteln ausreichen, sie nur im Einzelnen zu ergänzen haben, muß Preußen bei jeder Entfaltung militärischer Macht, bei jedem Aufruf an die Gewalt sofort auf die tiefsten Grundlagen der physischen und ökonomischen Existenz zurückgreifen, und die Hülfsquellen in Anspruch nehmen, welche bei dem Gegner lange im Rückhalt bleiben und für Fälle der Noth aufgespart werden können. Um nicht nur dem ersten Zusammenstoß gewachsen zu sein, sondern auch die Verluste des Krieges ersetzen und dem überlegenen Feinde einen nachhaltigen Widerstand leisten zu können, reicht die unmittelbare Sorge für das Heerwesen in keiner Weise aus. Friedrich den Großen befähigte neben der glänzenden Kriegführung die strengere Ordnung der Verwaltung und die gewaltige Concentration aller Kräfte des Staates zu dem ungleichen Kampfe; aber darin dürfen wir jetzt auf keine entscheidende Ueberlegenheit rechnen. Mit so wenigem Nachdruck, mit so geringfügigen Mitteln im Verhältniß zu den wirklichen Hülfsquellen der Länder wird heutigen Tages Niemand einen Krieg gegen uns führen. Das gewöhnliche Handwerk der Staatsleitung weiß jetzt die materiellen Kräfte in einem Maaße heranzuziehen und in Bewegung zu setzen, wie es damals nur der Geist und die Energie eines großen Genies vermochte. Die sorgsamste Pflege der wirthschaftlichen Grundlagen der Volkskraft muß durch das Aufbieten der intellectuellen und moralischen Kräfte unterstützt werden, wenn das Mißverhältniß der materiellen Macht einigermaßen ausgeglichen werden soll.

Die vermehrte Zahl und Schlagfertigkeit der Armee wird uns nicht retten, so lange das innere Leben des Staates krankt. Das Vertrauen ist weder im Inlande, noch im Auslande gewachsen. Kraft und Muth des Auftretens ist nicht größer geworden. Niemand findet die Sicherheit und das Ansehen des Staates wesentlich erhöht. Die deutschen Regierungen, welche lieber die erste Rolle in dem zerrütteten Deutschland spielen wollen, als die zweite in dem einigen und mächtigen, die mögen zufrieden sein, wenn Preußen sich auf seine Militärangelegenheiten beschränkt, wenn es nach dem Eindruck, den es einst auf englische Reisende machte, immer mehr zu einer großen Kaserne oder einem großen Gefängniß wird, und im Uebrigen in unfruchtbarer Stagnation verharrt. In preußenfreundlichen Kreisen lautete das Urtheil der politischen Litteratur bei den vorjährigen Militärvorlagen ziemlich übereinstimmend dahin: wenn die neue Armee-Organisation zu Stande komme und sonst Alles bleibe, wie es sei, dann werde es schlecht um die moralischen Eroberungen in Deutschland stehen, dann werde man in anderen Ländern bald Gott danken, kein Preuße zu sein. Im Lande ist man ohne Zweifel allgemein bereit, vermehrte Lasten zu übernehmen. So traurig es ist, daß die ungeheuren Kriegsrüstungen übermäßige Mittel in Anspruch nehmen und die Entwicklung aller Lebenselemente verkümmern, so erkennt man doch unter den gegenwärtigen politischen Verhältnissen die Nothwendigkeit einer erhöhten Kriegsbereitschaft an. Aber es ist zu viel verlangt, daß man große Opfer bereitwillig auf sich nehmen soll, wenn man keine Wirkung sieht und keinen Ersatz auf anderen Gebieten. Bei einem Geldmangel, dessen Ende nicht abzusehen, bei erschöpfenden Anstrengungen in der Zeit der Vorbereitung ist zu befürchten, daß die Kräfte zum Kriege schon vor dem Kriege aufgezehrt werden. Die Finanzlage des Staates und die Bedürfnisse des National-Wohlstandes drängen gebieterisch zu Reformen.

Die Geltung des Staates nach außen und seine Leistungfähigkeit im Kriege hängt immer von dem Maaße seiner wirklichen Kräfte ab. Diese Rücksicht zwingt auch diejenigen, denen nur an der äußeren Machtstellung gelegen ist, welche die bürgerliche Gesellschaft nur als das gleichgültige Substrat für das diplomatische und militärische Auftreten der Regierung behandeln möchten, der inneren Entwickelung einige Sorgfalt zu widmen. Da nicht alle Staaten stille stehen, müssen auch die widerstrebenden der fortschreitenden Entwicklung Raum geben, wenn sie nicht zurückbleiben und mit ihrer Macht ihr Ansehen verlieren wollen. Und bei dem Fortschritt der Cultur fallen die materiellen und ideellen Interessen immer mehr zusammen. Man kann nicht die einen dauernd und erfolgreich fördern, und den anderen entgegentreten. Je mehr die intellectuellen und moralischen

Elemente in der civilisirten Gesellschaft die bloß physischen überwiegen, desto weniger läßt sich die materielle Entwickelung von der geistigen trennen. Man kann Regsamkeit, Selbstthätigkeit, Aufschwung des Geistes nicht auf dem einen Gebiete wecken und auf dem anderen unterdrücken, die Menschen nicht klug und strebsam machen zum Erwerb, und dumpf und stumpf zu bequemer Beherrschung, die Energie ihres Handelns nicht zugleich stärken und lähmen, nicht einen thatkräftigen Patriotismus nach außen und theilnahmlose Unterwürfigkeit im Innern erwarten. Zu einzelnen Zeiten wohl und unter besonderen Constellationen kann ein einziges Interesse alle übrigen zurückdrängen; auch machen sich die Folgen der Hemmung und Unterdrückung nicht gleich auf allen Feldern der Thätigkeit fühlbar; aber bald treten unausbleiblich Reactionen ein, oder dauernde Ermattung und Abnahme der Kräfte im Vergleich mit den rascher fortschreitenden Ländern. Denn die Dinge stehen in einem allgemeinen Zusammenhange. Der Satz des Widerspruchs gilt in der Politik so unbedingt wie in der Logik.

Alles Ideelle hat etwas Revolutionäres an sich. Es achtet nicht Herkommen und Gewohnheit. Es ist bereit, sich über die Schranken des Gegebenen hinwegzusetzen, bisweilen auch die nothwendigen. Eine wirkliche Gefahr entsteht indessen aus dem Idealismus nur dann, wenn der Widerspruch zwischen den bestehenden Formen und den Bedürfnissen der ihnen entwachsenen Gesellschaft sehr groß und allgemein fühlbar geworden ist, oder wenn sich die materiellen Interessen in demselben Gedränge befinden, wie die ideellen, und beide vereinigt gegen haltlose Ordnungen stürmen. Dagegen giebt das Ideelle Individuen wie der Gesammtheit den Schwung und die treibende Kraft, welche allein im Stande sind, das wahrhaft Große zu vollbringen. Eine solche Kraft der Bewegung, welche aus großen, allgemeinen Gesichtspunkten handelt, das als nothwendig Erkannte gegen den Widerstand der Trägheit und der Feigheit durchsetzt, und die eigene Energie in den Geistern Anderer weckt, finden die Regierungen in der Regel nur unter dem Druck revolutionärer Krisen oder großer auswärtiger Gefahren. Dann wird der nothwendige Zusammenhang der materiellen und ideellen Entwicklung, der inneren und äußeren Politik erkannt und darnach gehandelt.

Nach dem Unglück von 1806 griffen die Wiederhersteller des preußischen Staates mit kühnem Geiste zu den großen regeneratorischen Prinzipien der französischen Revolution. Sie lösten die Gutsunterthänigkeit und die Naturaldienste, sie befreieten das Eigenthum und die Gewerbthätigkeit, sie schufen dem Volksunterricht und den Wissenschaften neue Stätten, sie gaben dem handelnden Gemeinsinn Raum in der Städteordnung und lenkten die Blicke auf eine höhere, umfassendere Theilnahme an den öffentlichen Angelegenheiten. Mit diesen großen Maßregeln einer neuen Ordnung gaben sie dem Volke die Kraft, unerhörte Lasten zu tragen und den Schwung zu einer ungeahnten Erhebung. Der mächtige Anstoß dieser Zeit wirkte noch eine Reihe von Jahren in den preußischen Staatsmännern fort, und hielt auf allen Gebieten der Verwaltung einen kräftigen Geist der Bewegung und des Fortschritts lebendig. Als aber das Calmiren, das Feuerlöschen, das Erhalten zum höchsten Princip erhoben und zur alleinigen Weisheit wurde, da erlahmten die strebenden Kräfte. Man wollte nur in den politischen Dingen stillstehen, und fand alsbald jede selbstständige Bewegung gefährlich, jede unabhängige Regsamkeit verdächtig. Die Verwaltung verlor sich aus nützlicher, leitender Thätigkeit mehr und mehr in eine formale, sich in Alles einmischende, Alles controlirende Vielgeschäftigkeit der Regierung und Polizei, die überall als eine Beschränkung und Hemmung empfunden ward. Der Fortschritt begann langsam zu werden, und hielt nicht mehr Schritt mit dem rascheren Aufschwunge des Wohlstandes, des Handels und der Industrie in anderen Ländern. Die Bewegung von 1848 rief endlich die politischen Reformen hervor, welche längst allgemein als nothwendig erkannt und nur allzu lange verzögert waren. Jetzt wurden in kurzer Frist die Formen des öffentlichen Lebens geschaffen, zu denen man sich früher nie entschließen konnte, die constitutionelle Verfassung, als die einzige staatliche Ordnung, in welcher nach der Lage Europas eine regelmäßige Theilnahme der Völker an ihren allgemeinen Angelegenheiten mit einer kräftigen Regierungsgewalt, freie und fortschreitende Entwicklung mit fester, gesetzlicher Ordnung vereinbar erscheinen, und die neue Gerichtsorganisation und das neue Gerichtsverfahren, als Anfänge größerer Rechtsgleichheit, Rechtssicherheit und Rechtseinheit. Von diesen formellen Grundlagen des modernen Staatswesens wird man nicht wieder zurücktreten können, sie werden ein dauernder Gewinn dieser Zeit bleiben. Aber neben dem Fortschritt in den Formen erfolgten die entschiedensten Rückschritte in dem Inhalte des gesellschaftlichen Lebens, so weit dieser der Modification durch die Regierung unterworfen ist. Es war nicht mehr die Scheu vor Neuerung und Bewegung, sondern der bewußte Gegensatz gegen die Anforderungen der Zeit, welcher nirgends ein selbstständiges Leben dulden, Alles der polizeilichen Beaufsichtigung und Ueberwachung unterwerfen, Beamte und Gemeinden, Kirche und Schule zu rücksichtslosen Werkzeugen der Regierung machen, wo möglich die bürgerliche Existenz aller Staatsangehörigen in die Abhängigkeit von einer schrankenlosen Allgewalt bringen wollte. Wenn man einmal anfängt zu binden, zu lähmen, zu unterdrücken, findet man nirgends ein Ende mehr. Seitdem die Büreaukratie sich darauf beschränkte, im alten Geleise die laufenden Geschäfte nach hergebrachten Regeln zu erledigen, und seitdem sie sich gar retrograden Liebhabereien dienstbar machte, sehen wir in ihrem ganzen Bereiche das traurige Schauspiel des Stillstandes oder des Rückschritts. Wir mögen hineingreifen, wo wir wollen, es ist überall dasselbe. Preußen ist aus der Vorhut in den Nachtrab der Culturvölker gerathen.

Als die Verkehrsschranken mit großer Kühnheit niedergerissen und der Zollverein in's Leben gerufen wurde, war der freisinnige Tarif von 1818 ein Meisterwerk der Handelspolitik; seitdem sind England und die Schweiz zum Freihandel übergegangen, Frankreich hat uns in dem neuesten Handelsvertrag weit überflügelt, Oesterreich hat sich dem Zollverein gleich gestellt, selbst Rußland hat seinen Tarif ermäßigt; hier ist Stillstand eingetreten, in wichtigen Artikeln, wie Eisen und Garn, sogar Rückschritt; die verderblichen Hemmungen der Fluß- und Transit-Zölle lasten auf dem Verkehr; und Preußen kann keineswegs alle Schuld auf die anderen Regierungen abwälzen.

Zur Zeit, da Beuth das Gewerbeinstitut, oder Hofmann das statistische Bureau einrichtete, galten beide mit Recht als musterhafte Anstalten. Man glaubte von ihrem Ruhme zehren zu können. Jetzt gehen viele junge Leute aus Preußen überhaupt und selbst aus Berlin nach Hannover, Carlsruhe oder Zürich, weil das Gewerbeinstitut den heutigen Anforderungen zu wenig entspricht. In der Statistik sind wir nicht nur hinter Belgien unter Quetelets berühmter Leitung, sondern auch hinter manchen deutschen Ländern erheblich zurückgeblieben.

Die Volksschulen und Gymnasien Preußens werden in ihrem Durchschnitte nicht mehr zu den besten in Deutschland gezählt. In Würtemberg verlangt man höhere Leistungen. Es ist zum Theil die kirchliche Einseitigkeit, welche die Gesinnung und den Eifer der Orthodoxie über Lehrfähigkeit und Kenntnisse setzte, auch geradezu die Gegenstände und das Maaß des anderweitigen Unterrichts einschränkte, zum Theil die allgemeine Tendenz der Vielregiererei, was das Niveau der preußischen Schulen heruntergedrückt hat. In der Leitung der Unterrichtsangelegenheiten verbindet sich leicht die schulmeisterliche Unfehlbarkeit mit dem bureaukratischen Hochmuth, um durch einförmiges Reglementiren die Freudigkeit und die Wirksamkeit in dem Berufe der Lehrenden zu hemmen. Bei den Schulcollegien, den Consistorien und den Gerichtshöfen hört man in den letzten Jahren übereinstimmend die Klagen über Abnahme der wissenschaftlichen Bildung bei der Mehrzahl der zu examinirenden Kandidaten.

Am augenfälligsten ist der positive Rückschritt und am unmittelbarsten in die wirthschaftlichen Interessen des Volkes eingreifend, welchen Preußen in der Gewerbegesetzgebung gemacht hat, aller wissenschaftlichen Erkenntniß und aller Erfahrung trotzend, welche in den Ländern von größerer industrieller Entwickelung die erfolgreichere Arbeit, der höhere Wohlstand und die höhere Leistungsfähigkeit der Einzelnen wie der Gesellschaft darbieten. Während andere Nationen die Schranken der Concurenz und des freien Verkehrs hinwegräumen, während Oesterreich zur Gewerbefreiheit übergeht, ist Preußen seit 1845 von der bestehenden Gewerbefreiheit zu den hemmendsten Beschränkungen zurückgekehrt. Die Hindernisse in Niederlassung und Freizügigkeit, die Abgränzungen der einzelnen Gewerbe, die Verbote des Uebergangs von einem Handwerk zum anderen und die Beschäftigung in einem anderen Gewerbe, die fixirte Lehrlings- und Gesellen-Zeit halten Kapital und Arbeit, die Elemente, von deren Vereinigung der nationale Wohlstand am wesentlichsten abhängt, künstlich auseinander. Seit 1849 haben wir das Böhnhasen-Jagen der alten

Zünfte und die absurdesten Zänkereien über die Befugnisse der einzelnen Gewerke wieder erstehen sehen. Von derartigen Beschränkungen der gewerblichen und bürgerlichen Freiheit — der unbehinderten Selbstbewegung der erwerbenden Thätigkeit und der Unabhängigkeit der Bürger in ihrem Erwerbstande von Eingriffen der Behörden — wie sie das polizeiliche Concessions- und Aufsichts-Wesen bei uns constituirt, hat man in anderen civilisirten Ländern keine Ahnung mehr. Der französische Imperialismus unterdrückte die politische Freiheit, aber die sociale ließ er unangetastet. Er stellte die wirthschaftliche Wohlfahrt des Landes, die Grundlage seiner Macht, über das Ideal, jeden Bürger in seinem Nahrungsstande von der Polizei abhängen zu sehen. Mit der Gewerbeordnung von 1849 wird Preußen bald als ein Anachronismus in der ganzen gebildeten Welt dastehen.

Es ist Vieles versäumt und verfehlt worden. Es ist Vieles nachzuholen. Nachdem zehn Jahre lang eine rührige Gesetzgebung in der ausschließlichen, politischen Rücksicht thätig gewesen, jede Opposition unmöglich oder unwirksam zu machen, der Regierung alle Personen und Interessen unbedingt in die Hände zu geben, durch ihre Allgewalt in Staat und Gemeinde, in Schule und Kirche einer exclusiven Partei die Herrschaft zu sichern, hoffte man von den neuen Ministern in der Gesetzgebung und Verwaltung schnelle und durchgreifende Reformen, wie sie von ihnen selbst und von der großen Mehrheit des Landes längst als nothwendig bezeichnet waren. Die erhöhten Anforderungen an die Mittel des Volkes, die nothwendigen Anstrengungen aller Kräfte erheischen gebieterisch auf dem Felde der materiellen Interessen, wie auf dem Gebiete der geistigen und sittlichen Mächte die Befreiung von hemmenden Fesseln, von dem lähmenden Druck, unter welchen das Mißtrauen eines verworfenen Systems in der gewerblichen Thätigkeit, in der Gemeinde, in der Schule, in der Association und in der Presse die strebsamen Kräfte beugte. Der Stillstand der Gesetzgebung hat Viele getäuscht und verstimmt. Die neuesten Gesetzentwürfe, welche eine Beschränkung des Concessionswesens und eine Vermehrung der Rechtssicherheit gegen polizeiliche Willkühr in Aussicht stellen, wären in der ersten Kammersession freudig begrüßt worden, in der dritten hatte man etwas Größeres und Durchgreifenderes erwartet. Nicht Einzelnes und Kleines, wie gut es sei, nur Großes und Allgemeines giebt den Geistern Schwung. Es bedarf eines moralischen Eindrucks, es bedarf entschiedener Maaßregeln, um das Vertrauen zum preußischen Staate wieder zu beleben.

Weder die Gegenwart, noch die Geschichte wird es der Regierung von 1858 vergessen, daß sie großen Mißständen ein Ende gemacht, daß sie Recht und Gesetz zur Geltung gebracht, daß sie Humanität und Liberalität in die Verwaltung zurückgeführt hat. Aber eine bessere Handhabung der laufenden Geschäfte genügt nicht in dem drängenden Ernste dieser Zeit. So groß in Wahrheit ihr heilsamer Einfluß ist, so imponirt sie doch nicht. Sie wird namentlich im Auslande wenig erkannt und gewürdigt. Einzelne, vielleicht nicht einmal sehr erhebliche Vorkommenheiten sind geeignet gegen sie ausgebeutet zu werden und ihren Eindruck zu paralysiren. Wir sprechen nicht von gelegentlichen Mißgriffen. Keine Regierung kann es selbst ihren besten Freunden überall recht machen. Nur an Eines müssen wir erinnern, weil es mit dem ganzen preußischen Verwaltungswesen zusammenhängt und vielfachen Anstoß giebt. Die neueste Zeit hat manche Enthüllungen über eine skandalöse Beamtenwirthschaft gebracht, die erst in ihren Einzelheiten demonstrirt werden mußte, um Glauben zu finden. Wenn diesen Dingen gegenüber erklärt wird, daß die reactionairen Beamten durch die Bank Ehrenmänner seien, so sehen wir nicht ein, was das nützen soll. Eine solche Versicherung kann wohl den eigenen Ruf der Einsicht oder der Redlichkeit compromittiren, wird aber Niemanden überzeugen, wenn sie auch von einem Minister gegeben wird. Man nimmt nun einmal an, daß es unter den Beamten, wie in allen Classen der Gesellschaft, Ehrenmänner im vollsten Sinne des Wortes giebt, daß die Mehrzahl nach Fähigkeit und Charakter der Mittelmäßigkeit angehört, und daß auch sehr nichtsnutzige Menschen darunter zu finden sind. Wenn ein Jahrzehnt hindurch die kundgegebene politische Gesinnung, die unbedingte Hingebung an die Gewalt, die rücksichtslose Unterordnung unter ein Parteisystem zum Maaßstab für die Brauchbarkeit und die Beförderung der Beamten geworden sind, darf man sich überzeugt halten, daß die letzte Kategorie einigermaßen angewachsen ist, daß Zelotismus, Heuchelei und dienstbeflissener Parteieifer, etwas mehr als gewöhnlich über Talent, Kenntnisse und Gewissenhaftigkeit den Sieg davon getragen haben. Unter den Herren v. Westphalen, v. Raumer und Simons haben manche Leute eine Carriere gemacht, die nicht einmal routinirte Taugenichtse sind — um mit Göthe zu reden. Es ist ohne Zweifel für die gegenwärtige Regierung eine große Schwierigkeit, daß die höheren Stellen fast durchgängig mit Männern besetzt sind, die im besten Falle die Geschäftsroutine, aber selten den guten Willen besitzen, in Gesetzgebung und Verwaltung auf neue Grundsätze einzugehen. Desto weniger sollte man eine Solidarität für die wirklichen Mißbräuche der alten Regierung übernehmen. Dieses Einstehen für jedes ihrer Glieder, selbst gegen die eigene bessere Ueberzeugung, gehört zu den Charakterzügen einer Bureaukratie, die in sich selbst den eigentlichen Inhalt des Staates erblickt, es giebt ihr vorzugsweise das abgeschlossene, selbstgenügsame Wesen, welches im In- und Auslande der Gegenstand bitterer Angriffe ist. Als Lord Russell während des orientalischen Krieges durch Berlin kam, ward mit einer gewissen Befriedigung erzählt, daß der englische Minister in Herrn v. Manteuffel den zugeknöpftesten Staatsmann seiner Zeit gefunden habe. Leider scheint man auch jetzt noch nach diesem Ruhme zu streben. Wenigstens hörten wir noch neuerdings von Beispielen, in denen sich fremde Diplomaten bitter beschwerten, daß sie durch nutzlose Geheimthuerei im auswärtigen Ministerium, durch Vorenthalten von Dingen, die gleich darauf offenkundig gemacht wurden, verleitet seien, in Berichten an ihre Regierungen ihren Eifer oder ihre Umsicht zu compromittiren. Die Mehrzahl der Diplomaten liebt den Aufenthalt in Berlin nicht eben vorzugsweise. In solchen Fällen rächt man sich natürlich durch einige Ausfälle gegen preußische Personen und Zustände. Das trägt unzweifelhaft dazu bei, an manchen Orten eine gehässige oder geringschätzige Stimmung gegen Preußen zu unterhalten. Diese Stimmung wird sich nur ändern, wenn man hier einen andern Geist walten sieht.

Die centralisirende Vielregiererei führt unausbleiblich dahin, daß die formale instructionsmäßige Erledigung der Geschäfte zur Hauptsache wird, daß für einen ersprießlichen Inhalt der Thätigkeit, für eine kräftige, materielle Initiative nirgends Zeit und Muth übrig bleibt. Nur dieselben Reformen, welche der Industrie, dem Gemeindeleben, dem Unterrichtswesen durch Hinwegräumung hemmender Schranken Selbstständigkeit und frische Bewegung verleihen, können auch hier die Abhülfe schaffen, und der Verwaltung selbst durch Erlösung von der Arbeit des unfruchtbaren und ertödtenden Controlirens Leben und Spannkraft einhauchen. Mit Veränderungen in der Verwaltung allein kommt man nicht aus. Nicht eine liberale Handhabung, sondern die entschlossene Beseitigung fehlerhafter Einrichtungen wird den Impuls und den Schwung geben, dessen es vor allem bedarf, wird Glauben und Vertrauen zum preußischen Staate wecken. Dazu ist denn freilich ein übereinstimmendes Wirken der regierenden und gesetzgebenden Gewalten ein unumgängliches Erforderniß. Wir legen den politischen Formen kein übertriebenes Gewicht bei, wir wünschen nicht, daß in dieser Zeit unnöthige Verfassungsfragen aufgeworfen und theoretische Streitereien erneuert werden. Aber zwei wichtige Elemente der Verfassung und der Verwaltung lassen sich nicht übergehen. Sie greifen zu tief in das ganze Leben unseres Staates ein. Sie kommen bei jeder praktischen Frage in Betracht. Wir meinen das Herrenhaus und das Cabinet.

Das Herrenhaus ist eine Parteischöpfung, wie es keine zweite in Europa giebt. Im Mittelalter concentrirten sich bei der Grundaristokratie fast ausschließlich die Elemente der nationalen Macht, der Besitz und die Bildung, und dem entsprechend ruhte in ihren Händen alle weltliche Gewalt. Seitdem das bewegliche Vermögen neben dem Grundeigenthum in die Höhe gekommen, hat sich das geändert. Der Antheil der Aristokratie am Grundbesitz bildet nur noch einen geringen Bruchtheil des Nationalvermögens, wie sie einen geringen Bruchtheil in den gebildeten Classen der Völker ausmacht. Und da sie das gesellschaftliche Uebergewicht, welches Reichthum und Bildung verleihen, nicht mehr hat, kann ihr das naturgemäß damit verbundene politische Uebergewicht nur durch willkührliche und künstliche Mittel erhalten werden. Die Hauptsache dabei ist freilich, daß sie die ausschließliche Umgebung der Fürsten bildet und dadurch in den Stand gesetzt wird, nicht nur am Hofe, sondern auch in allen Zweigen der Verwaltung, der Diplomatie und der Armee die einflußreichsten Stellen einzunehmen. Dieses höchste Vorrecht befähigt sie, auch ihre geringeren Vorrechte gegen die sonstige Lage der Umstände zu behaupten. In Preußen ist ihr dies mit einem Glücke gelungen, von welchem man freilich bei den ökonomisch und politisch mehr vorgeschrittenen und darum mächtigeren Nationen, bei Engländern und Franzosen, keinen Begriff mehr hat. Erst 1849 ist die Patrimonialgerichtsbarkeit gefallen, das obrigkeitliche Recht der Polizei ist der Grundaristokratie zurückgegeben, die Kreisverwaltung beherrscht sie ausschließlich. Zu ihren sonstigen nutzbaren und Ehren-Rechten hat man sie nun auch zu einem Factor der gesetzgebenden Gewalt gemacht. Das würde bei ihrer Sonderstellung in der Zeit einer staatlichen Umgestaltung und einer dadurch bedingten, außergewöhnlichen legislatorischen Thätigkeit unter allen Umständen bedenklich sein. Indessen ließe sich hoffen, daß selbst auf eine privilegirte Classe die Anforderungen der Zeit und der öffentlichen Meinung einigen Einfluß üben würden, wenn ihre Mitglieder von der Regierung oder durch den Zufall der Erblichkeit zur Gesetzgebung berufen würden. Es giebt ja in der preußischen Aristokratie vorurtheilsfreie und ausgezeichnete Männer, die der politischen Entwicklung des Vaterlandes unvergeßliche Dienste geleistet haben. Dem sollte aber nicht so sein. Man läßt die Privilegirten in engen Kreisen aus ihrer Mitte wählen. Nun lehrt die gewöhnlichste Beobachtung: Menschen von besonderen Privat- und Standes-Interessen können einzeln ganz unbefangen und zugänglich auftreten; setzt sich aber ein Dutzend von ihnen zusammen, so ist nicht mehr auszukommen; dann wird Alles unter den Gesichtspunkt der Separatbestrebungen gebracht, sie erhitzen sich gegenseitig, und handelt es sich um ihre Vertretung, so wird gewiß nicht der gewählt, den Talent, Erfahrung und Kenntnisse empfehlen würden, sondern derjenige, den man als den zuverlässigsten, rücksichtslosesten, lautesten Verfechter der Sonderinteressen betrachtet. Das Herrenhaus bestätigt diese Erfahrung vollständig. Erbittert, weil die Krone es gewagt hat, Männer, die nicht den Beifall der im Hause herrschenden Partei haben, an die Spitze der Regierung zu berufen macht die Aristokratie jedem Acte der Regierung eine grundsätzliche Opposition, legt seit drei Jahren die Gesetzgebung vollständig brach, läßt selbst die geringfügigen und principiell gleichgültigen Maaßregeln unerbittlich fallen.

Die Regierung sieht, daß sie mit dem Hause nicht vorwärts

kommen kann. Es wäre völlig nutzlos, umfassende Reformen zu versuchen. In drei Sessionen sind nur zwei Gesetzentwürfe vorgelegt worden, die eine größere Bedeutung haben, und deren Erledigung allgemein als ein dringendes Bedürfniß betrachtet wird, über die Eheschließung und über die Grundsteuer-Regulirung. Und nicht einmal diese sind bis jetzt erledigt worden. Es sind zwei Fragen, die für die aristokratische Opposition sehr charakteristisch sind.

Es war ohne Zweifel eine offene Auflehnung gegen das Gesetz, wenn Geistliche die nach Urtheil und Recht gestattete Wiedertrauung Geschiedener verweigerten, und wurde auch noch vom Minister Eichhorn als solche behandelt. Seitdem hat aber eine königliche Cabinetsordre nicht blos den Widerstand sanctionirt, sondern sogar den Geistlichen, welche bereit waren, das Gesetz zu vollziehen, verboten, Geschiedene ohne Genehmigung der höchsten Kirchenbehörden zu trauen. Nun finden wir es durchaus in der Ordnung, daß die protestantische Geistlichkeit, so gut wie die katholische es immer gethan, ihr eigenes Kirchenrecht geltend macht und die unwürdige Stellung einer bloßen polizeilichen Vollziehungsbehörde ablehnt, welche das preußische Landrecht ihr zuweist. Ob sie weise daran thut, hier plötzlich eine allzu eifrige und daher etwas verdächtige Strenge zu proclamiren, das ist eine andere Frage, welche die Kirche entscheiden mag. Jedenfalls hat sie erreicht, was noch vor wenigen Jahren das Ziel ihrer eifrigsten Vorkämpfer schien, die Befreiung vom staatlichen Zwange. Es wäre weder wünschenswerth, noch bei dem jetzigen Stande der kirchlichen Disciplinargewalt irgend möglich, zum Zwange gegen die Geistlichen zurückzukehren. Aber es ist eine völlige Anarchie, ein die Würde des Staates tief verletzender Widerspruch, wenn Gesetze bestehen und die Mittel zur Ausführung versagt werden. Hier muß eine Abhülfe geschafft werden, und die einzige Abhülfe, welche der Staat schaffen kann, ist die Einführung der Civilehe. Ein großer Theil der kirchlich Gesinnten ist auch vollkommen damit einverstanden; früher waren es selbst Herr Stahl und Graf Arnim. Erst seitdem die Reaction weit genug vorgeschritten, um nicht die Freiheit der Kirche vom Staate, sondern die Herrschaft der Kirche im Staate zu wollen, verlangt die Partei, welche die Religion als Mittel politischer Herrschsucht handhabt, daß der Staat sich unbedingt den Doctrinen der Kirche und zwar den modernsten Doctrinen der durch Herrn v. Raumer zur Herrschaft in der Kirche geführten Hyperorthodoxie unterwerfe. In der Ehegesetzgebung hat man ein Feld gewählt, wo man im Namen reinerer Moralität mit einigem Erfolge den sittlichen und religiösen Sinn apostrophiren kann. Die Kirche ist heutigen Tages so wenig der Inbegriff aller geistigen und moralischen Mächte, wie die Grundaristokratie die Inhaberin alles Besitzes. Die moderne Gesellschaft weist die Ansprüche beider zurück. Sie befindet sich mit allen ihren Bestrebungen im unlöslichen Widerspruch gegen die unterdrückende Herrschaft exclusiver Richtungen. Die dominirende Partei des Herrenhauses stellt das Programm der Jesuiten wieder auf: die Rückkehr zum Mittelalter, zur geistlichen Herrschaft der Kirche, zur weltlichen der Feudalaristokratie, das Programm, mit welchem die Jesuiten im siebzehnten Jahrhundert Deutschland verwüstet, Polen für immer ruinirt haben. Seine Durchführung würde Preußen aus der Reihe der Mächte streichen. Sie könnte nur nach dem Spruche Kaiser Ferdinands erfolgen: lieber eine Wüste als ein Reich voll Ketzer. Das sind die ideellen Interessen der Aristokratie. Sie sind dem Lande tief verhaßt.

Im Vergleiche damit läßt man sich den Kampf für die materiellen Interessen, für die Thaler und Groschen, wie er in der Grundsteuerfrage geführt wird, als etwas verhältnißmäßig gleichgültiges und untergeordnetes gefallen. Demüthigend genug ist es freilich und anstößig genug in den Augen der civilisirten Welt, daß in Preußen selbst eine solche Frage noch immer nicht ihre Erledigung gefunden hat. Mit dem Geschwätz einer scholastischen Untersuchung, ob die Grundsteuer die Natur einer Steuer oder einer Rente habe, hat man diese einfache Frage verwirrt. Weil man die Steuerfreiheit der Rittergüter ein Privilegium nennt, hat man sie unter den Gesichtspunkt eines privatrechtlichen Privilegs im juristischen Sinne, eines wohlerworbenen Rechts gebracht, welches nicht ohne Entschädigung beseitigt, nur abgelöst werden dürfe. Es giebt aber kein Eigenthum der Steuerfreiheit. Der Staat kann jedes Vermögensobject besteuern, wenn er auch bisher keine Steuer davon erhoben hat, und nur darin besteht das bisherige Vorrecht der Rittergüter. Wir nehmen natürlich die wenigen Fälle aus, in denen wirklich die Steuerfreiheit auf einem speciellen Vertrage beruht. Nur die sociale Stellung der Aristokratie am Hofe und an der Spitze der Regierung hat es möglich gemacht, solchen Gründen Eingang zu verschaffen. Jedem anderen würde man in's Gesicht lachen, wenn er für die Belastung mit einer Abgabe eine Entschädigung verlangen wollte. Wie Alles, was der Reaction mißfällt, erklärt man auch das Verlangen der Grundsteuer-Ausgleichung für etwas demokratisches oder revolutionäres. Es ist indessen eine Forderung der Ordnung in der Verwaltung und der einfachen Gerechtigkeit, die fast in allen Staaten Europa's längst erfüllt ist. König Friedrich Wilhelm III. hob 1810 die Grundsteuerfreiheit der Rittergüter gesetzlich auf. Daß man in einer Zeit, da der Grundbesitz die schwersten Naturallasten tragen mußte, nicht zur Ausführung des Gesetzes schritt, war nur billig. Der Adel wußte sie auch nachher zu hintertreiben. 1848 richtete er sich als auf etwas Unvermeidliches darauf ein. Vor den Kammerwahlen von 1849 veröffentlichten Gutsbesitzer aus dem Havellande eine Eingabe an die Regierung, in welcher sie die sofortige Zahlung der Grundsteuer anboten; das war freilich ein Wahlmaneuvre; nachher ließen die Herren nichts mehr von sich hören. Durch das Gesetz vom 24. Februar 1850 wurden endlich die Grundsteuerbefreiungen definitiv aufgehoben und die Heranziehung der eximirten Grundstücke nach Maaßgabe der bestehenden Steuersysteme angeordnet. Das Geschäft der Veranlagung wurde auch begonnen, dann aber von dem Ministerium wieder sistirt. Von einer Billigkeit der Entschädigung kann unseres Erachtens gar nicht die Rede sein, weder für die älteren Besitzer, da Werth und Einkünfte des Grundeigenthums sich in den letzten Jahrzehnten unermeßlich erhöht haben, noch für die neueren Erwerber, da seit geraumer Zeit Jeder weiß, daß die Auflage unabwendbar bevorsteht. Die Aristokratie hat ihren Widerstand bisher fortgesetzt, da jedes Jahr des Aufschubs ein baarer Gewinn ist. Sie darf aber nicht verlangen, daß wir um irgendwelcher Phrasen willen diesen Widerstand für etwas anderes halten sollen, als den Ausdruck des unverhüllten Eigennutzes. Möglich ist es ja, daß das Herrenhaus jetzt im dritten Jahre die Grundsteuervorlagen annimmt. Das Geschenk der zehn Millionen dürfte zum letzten Male als Entschädigung angeboten sein. Mit

Sicherheit läßt sich in diesem Augenblick indessen noch nicht darauf rechnen.

Wenn man in drei Jahren nicht einmal diese Gesetze durchgebracht hat, wäre es allerdings völlig überflüssig, mit dem jetzigen Herrenhause die nothwendigen großen Reformen der Gemeinde-, Städte- und Kreis-Ordnung, der Gewerbe- und Schul-Gesetze zu versuchen. An eine Aenderung ist hier nicht zu denken. Die Zeit, in welcher vielleicht ein sehr entschiedenes Auftreten der Regierung einige Wirkung gethan hätte, ist vorüber. Am Schlusse der vorjährigen Session haben diese Herren einen sehr hohen Ton angestimmt. Sie rühmten sich, daß jede ihrer Abstimmungen ein Schlag in's Gesicht der öffentlichen Meinung gewesen. Nun, in den Reihen der öffentlichen Meinung, der sie in's Gesicht geschlagen, standen nicht bloß die Minister, sondern der Repräsentant der Krone selbst. Graf Arnim-Boitzenburg nannte jede Regierung in Preußen, die sich nicht auf die Feudalen stützte, eine Seifenblase. Glaubt man wirklich, daß man in diesen Zeiten drohender Kriegsgefahr zu dem System oder den Personen der Reaction zurückkehren könnte? es wäre ein eigenthümlicher Aufruf an das Volk: wir schlagen euch in's Gesicht, folgt uns! Herr Stahl meinte, daß mit dem jetzigen Herrenhaus auch andere Säulen der Ordnung brechen würden. Der Ansicht sind wir nicht; wir meinen, es werde sehr ruhig zu den Todten gehen, und die Ordnung in Preußen ruhe auf stärkeren Säulen, als einer Aristokratie, die es für ihren Beruf hält, für Alles einzustehen, was veraltet und verkommen, was dem öffentlichen Geiste widersprechend und verhaßt ist, und die wenig zu bedeuten hat, sobald die Regierung die Hand von ihr abzieht. Herr Stahl fügte hinzu, das Haus werde nicht biegen, nur brechen. Wohlan, man breche es. Nach diesen Kriegserklärungen bleibt nichts anderes übrig, wenn man noch irgendwo an den Ernst und den Willen der Regierung glauben soll. Die 25 neuen Mitglieder reichten nicht aus — Strafbaiern nennt sie der Witz des Herrenhauses, nur sind sie nicht stark genug, die Execution zu vollstrecken. Es kann nicht darauf ankommen, die Majorität zu überzeugen, sondern nur zu überstimmen.

Die drängende Gegenwart kann den Stillstand der Gesetzgebung nicht länger ertragen. Schon eine zu lange Frist ist unfruchtbar verstrichen. Es ist die höchste Zeit, die Opposition zu brechen und den Einfluß der Feudalen in seine Schranken zu weisen. Die Regierung hat das gesetzliche Mittel in der Hand. Sie kann neue Mitglieder in das Herrenhaus ernennen, entweder um sich bei dessen jetziger Zusammensetzung eine dauernde Mehrheit zu sichern, oder um ein neues erstes Haus durch königliche Ernennung der Mitglieder, sei es auf Lebenszeit, sei es mit erblichem Recht, zu constituiren. Der erste Weg, welcher keine Verfassungsänderung nöthig machte, würde die Schwierigkeit bieten, eine hinlängliche Anzahl von Personen zu finden, die geeignet und Willens wären, einen dauernden Sitz im Hause einzunehmen, und würde doch dessen Charakter völlig verändern. Der zweite, welcher diese unselige Einrichtung durch eine bessere ersetzte, wäre nach unserem Dafürhalten weit vorzuziehen. In der zweiten Kammer würde die Regierung unzweifelhaft die Mehrheit für ein Abänderungsgesetz haben, und ebenso würden sich leicht Männer bereit finden, auf kurze Zeit den unerfreulichen Sitz im Herrenhause einzunehmen, um dessen Umgestaltung nach jedem Plane der Regierung zu votiren.

Jede dieser Maaßregeln ist ohne Zweifel durch den dringenden Ernst der Lage gerechtfertigt. Die eine oder die andere ist unumgänglich nothwendig. Die Zeit der Rücksichten muß endlich aufhören. Nach drei verlorenen Parlamentssessionen darf die Regierung nicht länger zaudern. Es ist ihre höchste Pflicht, die Möglichkeit eines Zusammenwirkens der Staatsgewalten wiederherzustellen. Das läßt sich nur durch die Besiegung des Herrenhauses erreichen. Denn eine Resignation vor ihm, eine abermalige Unterwerfung des Landes unter die retrograde Partei oder die charakterlose Maschine der Bureaukratie mit aristokratischer Spitze ist in diesem Augenblick, ist Angesichts der drohenden kriegerischen Verwicklungen nicht möglich; sie würde die Niederlage vor dem Kampfe bedeuten. Das preußische Volk steht mit ungewöhnlicher Einmüthigkeit zu den Grundsätzen der gegenwärtigen Regierung. Sie ist der freudigsten Zustimmung des eigenen Volkes, der Achtung und des Vertrauens des Auslandes sicher, wenn sie dem hemmenden Zwiespalt ein Ende macht und entschlossen vorwärts geht. Unser einziges Heil liegt im Fortschritt. Er ist der erste Schritt zum Siege. Wenn ein neuer Constantin ein Banner vom Himmel erheben sollte, es könne kein anderes sein, als das Banner der großen Bewegung unserer Zeit, das Banner der liberalen Ideen: in diesem Zeichen wirst du siegen. Es ist kein anderes gegeben.

Die zweite verderbliche Institution, die wir erörtern müssen, ist das Cabinet. In den ersten Jahren der Regierung Friedrich Wilhelms III. erhielt das Civil- und Militair-Cabinet den entscheidenden Einfluß auf alle Angelegenheiten des Staats. Man kann die Folgen davon nicht präciser darstellen, als es durch Stein in einer Eingabe an den König vom April 1806 geschehen. Er sagt:

„Die Cabinetsbehörde verhandelt, beschließt, fertigt aus in der Gegenwart des Königs und im Namen des Königs. Sie hat alle Gewalt, die endliche Erscheinung aller Angelegenheiten, die Besetzung aller Stellen, aber keine Verantwortlichkeit, da die Person des Königs ihre Handlungen sanctionirt. Den obersten Staatsbeamten bleibt die Verantwortlichkeit der Anträge, der Ausführung, die Unterwerfung unter die öffentliche Meinung. Alle Einheit unter den Ministern selbst ist aufgelöst, da sie unnütz ist, da die Resultate aller ihrer gemeinschaftlichen Ueberlegungen, ihrer gemeinschaftlichen Beschlüsse von der Zustimmung des Cabinets abhängen. Der Monarch lebt in Abgeschiedenheit von seinen Ministern. Eine Folge dieser Lage ist Einseitigkeit in den Eindrücken, die er erhält, in den Beschlüssen, die er faßt, und Abhängigkeit von seinen Umgebungen. Diese Einseitigkeit in den Ansichten und Beschlüssen ist eine nothwendige Folge der gegenwärtigen Einrichtung des Cabinets, wo alle innere Angelegenheiten nur durch einen und denselben Rath vorgetragen werden, der mit den verwaltenden Behörden in keiner fortdauernden Verbindung steht."

Er fordert deshalb eine durchgreifende Aenderung der Geschäftsformen, eine Zurückführung des Cabinets auf die subalterne Stellung, welche es unter Friedrich dem Großen eingenommen, eine wirkliche Verantwortlichkeit, genaue Verbindung und alleinige Ausführnng der Minister, unterwirft die Personen der damaligen Cabinetsräthe einer sehr herben Beurtheilung, und prophezeit aus der Lage und der Behandlung der Dinge ein furchtbares Unglück, wenn nicht die Auflösung des Staates.

Es wurden einige Verhandlungen gepflogen, die damit endeten, daß Stein als „ein widerspenstiger, trotziger, hartnäckiger Staatsdiener, der aus Capricen, Leidenschaft und persönlichem Haß handelt," seines Dienstes entlassen wurde. In der Sache ward nichts geändert. Das Verhängniß brach herein.

Mit der gegenwärtigen Verfassung des Staates verträgt sich die Stellung des Civil- und Militair-Kabinets, als besonderer Instanzen neben den verantwortlichen Ministern, noch weit weniger. Im besten Falle wird dadurch die Behandlung der Geschäfte erschwert und verzögert; in der Regel wird die Energie und die Einheitlichkeit der Staatsverwaltung darunter leiden, werden die größeren und umfassenderen Entwürfe der Minister vermehrte Schwierigkeiten und Hindernisse dadurch erfahren. Wir glauben nicht, daß in irgend einem anderen europäischen Staate von Personen außerhalb des Ministeriums officiell ein so großer Einfluß auf die Regierungsgeschäfte geübt wird. In der neueren Zeit sind die traurigen Folgen einer solchen Doppelregierung aller Welt kund geworden. Die Zerwürfnisse zwischen den Ministern und einigen Personen der Umgebung des Königs waren vor 1857 allgemein bekannt. Sie führten zu jenem Scandal, daß der Ministerpräsident v. Manteuffel und der General-Polizei-Direktor v. Hinckeldey Spione besoldeten, welche den vertrautesten Dienern ihres Königs und Herrn die Briefe stahlen. Herr v. Manteuffel soll sich damit gerechtfertigt haben, daß der Minister der auswärtigen Angelegenheiten wissen müsse, was vorgehe, wenn hinter seinem Rücken eine zweite Politik getrieben werde. Sind auch so herbe Gegensätze, so schreiende Dissonanzen zu vermeiden, so fällt doch der in gefährlicher Lage doppelt nothwendige Zusammenhang, die innige Verbindung und Wechselwirkung aller einzelnen Theile der Staatsgeschäfte, der Civil- und Militair-Angelegenheiten, der inneren und äußeren Politik unausbleiblich dahin, sobald der Schwerpunkt der Verwaltung auch nur in irgend einem Gegenstande nicht mehr in den Händen des Ministerrathes ruht.

Am gefährlichsten scheint in diesem Augenblicke die Stellung des Militair-Kabinets. Dasselbe vertritt grundsätzlich das Princip, die Armee-Angelegenheiten von dem ganzen übrigen Organismus des Staates getrennt zu halten, jeden anderen Einfluß, jede andere Rücksicht abzuschneiden. Als Vorwand pflegt geltend gemacht zu werden, daß die Armee der unbedingten und ausschließlichen Verfügung des

Königs vorbehalten bleiben müsse, daß weder Minister noch Kammern darin mitzureden hätten. Das ist ein Grundsatz des römischen Imperatorenthums; Tacitus erzählt, daß ein Senator Junius Gallio, um den Tiberius zu schmeicheln, im Senate neue Ehren für die kaiserlichen Garden vorschlug. Da fuhr ihn der Kaiser entsetzlich an, über die Soldaten habe Niemand zu sprechen als er. Der Unglückliche mußte froh sein mit dem Leben davon zu kommen, und in harter Verbannung das Vergehen büßen, der Armee gedacht zu haben. Nach Verfassung und Gesetz steht es mit dem Heerwesen nicht anders, wie mit jedem anderen Zweige der Staatsverwaltung; der König hat den Oberbefehl über die Armee, wie er überhaupt die vollziehende Gewalt hat; er ernennt die Offiziere, wie er alle anderen Beamten des Staates direct oder indirect ernennt. Aber so weit es sich um Maßregeln der Gesetzgebung oder um Geldbedürfnisse handelt, ist im Heerwesen wie überall sonst die Mitwirkung der Kammern nothwendig. Bei den vorjährigen Verhandlungen über die Militairvorlagen haben die Vertreter des Kriegsministeriums auch keinen andern Standpunkt eingenommen. Erst hinterher ist man in militairischen Kreisen zu der Behauptung gekommen, daß die Kammern nicht mitzusprechen hätten; das ist freilich eine eigenthümliche Aufstellung dem unzweifelhaften Bewilligungsrechte gegenüber, da man doch nicht enorme Summen zu neuen Einrichtungen fordern kann, ohne den Bewilligenden deren Zweckmäßigkeit darzuthun. Es sind auch nur Vorwände, um der Discussion überhoben zu sein, wozu bald ein angeblich ganz besonderes, von allen übrigen Kreisen der Staatsdiener und der Bürger verschiedenes Verhältniß der Armee zum König, bald die Unfähigkeit der Landesvertretung, militairische Dinge zu verstehen, dienen muß. Man befiehlt lieber, als daß man discutirt. Das zieht freilich nicht bloß die Bureaukratie vor, sondern vielleicht jeder, der eine Ueberzeugung gewonnen und etwas auszuführen hat. In der Armee ist man wegen der Nothwendigkeit und der Gewohnheit des militairischen Kommandos, der unbedingten Disciplin, des prompten Handelns am wenigsten zu weitläufigen Discussionen aufgelegt. Wie meinen auch, daß die anderen Minister und die Kammern sich keineswegs regelmäßig oder häufig in das Detail der Verwaltung und in wirklich technische

Fragen einzumischen haben; wohl aber ist es nothwendig, die großen Grundzüge der militairischen Einrichtungen, ihren Zusammenhang und ihre Wechselwirkung mit dem Ganzen der politischen, finanziellen und wirthschaftlichen Verhältnisse des Landes stets im Auge zu halten.

Das Militair ist bei dem großen Umfange und der festen Gliederung seines Organismus, bei seiner wichtigen Stellung im Staate, dessen Sicherheit und Macht ja unleugbar auf seiner militairischen Kraftentwickelung beruht und bei dem daraus hervorgehenden Standesbewußtsein mehr als jede andere Bureaukratie geneigt, sich exclusiv anzuschließen, auf nichts Anderes Rücksicht zu nehmen, zu vergessen, daß die Armee nicht stark werden kann, wenn das Land schwach wird. Andere Diener des Staates werden es nicht leicht mehr sagen, aber von jungen Lieutenants wie alten Generalen kann man es ganz unbefangen aussprechen hören, daß die Armee nicht Mittel, sondern Zweck, der Kern und das All des Staates sei, wonach sich alles Uebrige richten müsse. Die Vornehmheit des Offizierstandes, die Verbindung mit dem Hofe und der Aristokratie macht die Sonderstellung nur auffälliger und gefährlicher, ruft leicht zwischen Militair und Civil eine Stimmung der Mißgunst und der Feindseligkeit hervor, wie sie in den Jahren vor 1806 in höchster Blüthe stand. Wir legen auf einzelne Collisionen kein übergroßes Gewicht wir erkennen an, daß in der Verbesserung des Materials und der Ausbildung der Armee eine Raschheit und Energie entfaltet wird, die andern Zweigen der Verwaltung zum Muster dienen kann, wir setzen auch voraus, daß ein frischer und kräftiger Geist, wie er sich in den berühmten Vorträgen des Prinzen Friedrich Carl ausspricht, einen großen Theil des Heeres erfüllt; aber wir wissen auch, daß unter den Offizieren selbst vielfach über bureaukratischen Formalismus, über kleinliche Pedanterei, über aristokratischen Tick geklagt wird, und wir dürfen nicht vergessen, daß die Uebel und Gefahren der militairischen Sonderstellung wesentlich erhöht werden, wenn die Armee nicht bloß in Rücksicht auf ihre Leistungsfähigkeit gegen den Feind, sondern als ein Werkzeug innerer Parteipolitik behandelt wird. Das geschieht offenbar durch die militairische Aristokratie. Herr v. Zedlitz sprach in der Schlußsitzung des Herrenhauses von

1860 seine Freude über die Abschaffung der Landwehr und die neue Organisation aus, weil ein Staat mit so sehr verstärktem Heere unmöglich nach den Grundsätzen eines liberalen Verfassungsstaates regiert werden könne. Man sieht wieder das Ideal, ganz Preußen in eine große Kaserne zu verwandeln. Es ist bekannt, daß in manchen Kreisen an die Frage der Armeeorganisation die Hoffnung geknüpft ward, das Ministerium zu sprengen, wenn nicht die Verfassung umzugestalten.

Die einseitige und abgeschlossene Stellung des Heerwesens wird besonders gefördert, wenn die Trennung selbst im Centrum der Staatsverwaltung stattfindet. Auch in Oesterreich suchte man bis zu dem Feldzuge von 1859 die militärischen Angelegenheiten gänzlich von der übrigen Verwaltung zu scheiden, jeder Einwirkung des Ministerrathes zu entziehen. Der Kriegsminister steht doch noch in einer nothwendigen Verbindung mit den übrigen Chefs der Regierung, das Militärcabinet ganz außerhalb. Der Vorstand desselben, General v. Manteuffel, der seine Carriere am Hofe gemacht und von der Armee längst nicht viel gesehen hat, steht in dem Rufe, die Personalien in zu hohem Maaße aus der Perspective des Hofes zu behandeln. Die militärische Nothwendigkeit, über Wahl und Verwendung der Offiziere jederzeit unbedingt disponiren zu können, thut ohnehin der Laune und dem Nepotismus Vorschub. Die Theilung der Arbeit zwischen Ministerium und Cabinet complicirt und erschwert die Geschäfte. Reibungen — wie Stein sie schildert — können nicht ausbleiben. Offiziere, wie die Herren von Voigts-Reetz und v. Hartmann, die eines hervorragenden Rufes im Heere genießen, denen man in der Führung und der Verwaltung der Armee eine bedeutende Zukunft verheißt, wurden als zu selbstständige, und daher unbequeme Mitarbeiter aus dem Kriegsministerium entfernt, wie 1850 der energische General v. Griesheim beseitigt ward. Es ist einer der Charakterzüge des ausgebildeten Bureaukratismus: fest geschlossen nach außen, innerlich Streit und Widerwille. Herr von Manteuffel ist bei einem großen Theile der Armee wenig beliebt; er wird vielfach betrachtet wie Graf Grünne in Wien, der das Kommando in Italien dem Grafen Giulay übergab. Wird es auch bei uns einer Schlacht von Solferino bedürfen, einen unheilvollen Mann aus einer unheilvollen Stellung zu entfernen?

Die waltende Militärpartei macht eine so große, das ganze Staatswesen afficirende Frage wie die Reorganisation der Armee zu einer bloßen Frage militärischer Technik, der sich Minister und Kammern ohne weiteres fügen sollen. General v. Bonin hatte unter Beistimmung der übrigen Minister einen Plan ausgearbeitet; das Cabinet lieferte einen anderen, der die Kräfte des Landes unermeßlich mehr in Anspruch nimmt. Herr v. Bonin ging ab. Herr v. Roon ward zur Ausführung des Planes berufen. Wir setzen voraus, daß die anderen Minister, namentlich Herr v. Patow, als sie zum ersten Male von dem ganzen Umfange der beabsichtigten Neuerung Kunde erhielten, einen ähnlichen Schrecken empfunden haben werden, wie das Haus der Abgeordneten und das ganze Land. Einen anderen Entwurf entgegen zu setzen, sind selbstverständlich Andere als Techniker nicht im Stande. Aber es handelt sich in der That nicht um etwas blos Technisches. Man kann vollkommen zugeben, daß der jetzige Plan das Heer weit stärker und schlagfertiger macht. Wäre es möglich, alle Waffenfähigen zehn Jahre bei den Fahnen zu halten und statt zehn jährlich hundert Millionen mehr aufzuwenden, so ließe sich ohne Zweifel ein noch weit trefflicheres Heer aufstellen. Man ist bereit, unter den jetzigen Umständen hier, wie es in allen Ländern geschieht, größere Opfer an Kräften und Geld für die Wehrhaftigkeit des Staates zu bringen. Aber es darf kein dauerndes Mißverhältniß entstehen. Der regelmäßige Bestand des Heeres darf nicht die Aussicht auf eine unabsehbare Finanznoth, auf Vernachlässigung aller anderen Angelegenheiten, auf Zerrüttung des Nationalwohlstandes eröffnen. Es ist nicht ohne die tiefste Erschöpfung des Landes möglich, im Ernste und dauernd alle männlichen Einwohner drei Jahre lang der productiven Arbeit zu entziehen und gleichzeitig für das Militär einen Aufwand zu machen, der bald von 40 auf 50 Millionen steigen würde. Das ordentliche Militärbudget Oesterreichs war für das Jahr 1861 auf nicht mehr als einige neunzig Millionen Gulden berechnet, das ist nach dem jetzigen Cours nicht höher als der preußische Etat von vierzig Millionen Thalern. Ein solches

Mißverhältniß, permanent gemacht, würde uns unrettbar auf den Weg Oesterreichs führen und zu demselben Ende. Finanzen, Wohlstand, Volk und Heer würden von demselben Abgrunde verschlungen werden. Sollte wirklich der Versuch gemacht werden, die neue Organisation der Armee auf die Dauer zu halten und im übrigen Alles zu lassen, wie es ist, dann würde Mancher anfangen, einen Trost in dem Gedanken zu finden, daß in drei bis vier Jahren Alles vorbei ist. Sollen wir in kurzer Frist auf Ruinen stehen, so kommt freilich nicht darauf an, wie jetzt gebaut wird.

Wir wissen die schwierige Stellung der Abgeordneten den Militärvorlagen gegenüber vollkommen zu würdigen. Wir sprechen nicht von den Rücksichten auf die Krone, auf die Minister, auf die Partei, wir sprechen nur von der Sache selbst. Gesprächsweise wird wohl hin und wieder ein radicales Ablehnen auf jede Gefahr hin verlangt. Davon konnte und kann unseres Erachtens im Ernste nicht die Rede sein. Wer möchte die Verantwortlichkeit übernehmen, in jetziger Zeit die Mittel zu verstärkten Kriegsrüstungen zu versagen? und wo wäre die Macht, einen anderen Plan an die Stelle dessen zu setzen, für den sich die Regierung entschieden hat? dessenungeachtet können wir uns mit dem Verfahren des Hauses keineswegs zufrieden geben. Die Majorität hielt die Vorlagen, wie sie waren, für verderblich, für unannehmbar. Ihre Mitglieder sprachen sich sehr unzweideutig darüber aus. Und dennoch setzte man die unbeschränkte Durchführung derselben in's Werk. Herr Kühne und Herr v. Vincke, die den Vergleich der provisorischen Bewilligung herbeiführten, wußten so gut, wie wir es wußten, also sehr genau, was erfolgen mußte und erfolgt ist. Das Geld war nicht zu augenblicklicher Kriegsbereitschaft, sondern zur Reorganisation der Armee gefordert. Herr v. Roon machte gar kein Hehl daraus, sondern begann unter den Augen der Kammer die neuen Einrichtungen, die unmöglich rückgängig zu machen sind. Nachdem die neuen Regimenter errichtet, die Offiziere ernannt worden, läßt sich nichts mehr daran ändern. Man kann nicht jedes Jahr eine Umformung der Armee vornehmen. Damals hatte die Kammer es in ihrer Gewalt, Einschränkungen und Bedingungen durchzusetzen, welche die Sache auch für diejenigen annehmbar machen konnten, die bei freier Wahl einem anderen Plane den Vorzug gegeben hätten. In der jetzigen Lage ist es weit schwieriger, und bei der vorgerückten Zeit der Session kaum noch denkbar, etwas Erhebliches zu erreichen. Man kann einzelne Posten streichen oder ermäßigen. Im Ganzen wird und muß man wieder provisorisch bewilligen. Nur definitiv darf die Kammer den jetzigen Umfang und die jetzigen Kosten der Armee nicht werden lassen. Sie muß die Macht in der Hand behalten und der künftigen Volksvertretung reserviren.

Als solche Bedingungen, welche die neue Organisation für die Finanzen, für die Productionskraft, für die Zukunft des Volkes erträglich machen, bezeichnen wir namentlich folgende: Zuerst und vor allen Dingen darf eine Ueberanstrengung, welche unter drohenden Verhältnissen gerechtfertigt und geboten ist, niemals zum gewöhnlichen, regelmäßigen Stande der Dinge werden; eine wirkliche Heranziehung der ganzen männlichen Bevölkerung zum Dienste ist auf die Länge unausführbar. Das Maaß kann nicht der Discretion des Kriegsministers überlassen bleiben, wenn nicht die Mitwirkung der Volksvertretung illusorisch werden soll. Daher muß auch hier, wie es in England und Ungarn von je her geschehen ist, wie es selbst in dem kaiserlichen Frankreich geschieht, die Zahl der auszuhebenden Recruten alljährlich durch ein Gesetz festgestellt werden. Nur dadurch wird das Recht gewahrt, von den Anstrengungen außergewöhnlicher Zeiten zu mäßigeren Bewilligungen zurückzukehren. Sodann wird darauf zu dringen sein, daß die gewaltige Last durch eine gesetzliche Einschränkung der Dienstzeit der Infanterie auf zwei Jahre erleichtert werde. Die Zeit muß jetzt ausreichen, wie in der früheren Praxis regelmäßig eine noch kürzere ausgereicht hat. Wenn selbst der General v. Griesheim anerkannte, daß in Kriegszeiten der Soldat spätestens in sechs Monaten feldtüchtig ausgebildet sein müsse, kann kein Zweifel obwalten, daß für die wirklichen Leistungen im Kriege eine geringere als die dreijährige Zeit genügen muß. Endlich muß bei der großen Vermehrung der Officierstellen eine Aenderung in dem System der Ernennung und der Pensionirung in das Auge gefaßt werden, um die Belastung der Finanzen zu ermäßigen. Die Hauptsache ist das Aufrücken der dienstlich befähigten Unteroffiziere zu Offizieren bis zu den Stellen der Compagnie- oder Schwadrons-

Führer. Es findet in der französischen und selbst in der österreichischen Armee statt. In dem ausgebildetsten Heere, welches die Welt gesehen hat, dem altrömischen, gingen die Centurionen — den jetzigen Hauptmännern entsprechend — stets aus den Reihen der gemeinen Soldaten hervor, während die höheren Officiere regelmäßig den vornehmeren Classen der Gesellschaft angehörten. Die Gründe, welche hier dagegen geltend gemacht werden, sind nie aus Rücksichten auf den militairischen Dienst, sondern nur aus Rücksichten auf die sociale Stellung des Officierstandes entnommen. Solche Vorurtheile müssen billig schweigen, wenn technische Gründe nicht entgegen stehen, und die sonstigen Vortheile augenscheinlich sind. Durch die Aussicht auf das Avancement wird der Armee eine große Zahl tüchtiger Unterofficiere erhalten, die jetzt den Dienst verlassen, sobald sie das Anrecht auf eine Versorgung im Civildienst erworben haben, und hier sehr oft der Verwaltung höchlich zur Last fallen. Dem jetzigen Mangel an Officieren würde durch diese Maßregel sofort abgeholfen sein, und zwar durch eine Kategorie von Männern, die für den Augenblick jedenfalls besser qualificirt sind, als die 17- oder 18jährigen Officiere aus den Cadettenhäusern, die nach ihrem Alter in der Mehrzahl weder physisch, noch moralisch ernsten Eventualitäten gewachsen sein können. Außerdem würde durch die Besetzung einer Anzahl von niederen Stellen durch Unteroffiziere der anderen Classe von Officieren ein rascheres Aufrücken in die höheren Stellen und diesen eine Besetzung mit jüngeren Kräften gesichert, als es jetzt thunlich ist. Damit hängt auch die Beseitigung der mißbräuchlichen und übertriebenen Pensionirungen nahe zusammen, welche den Militair-Pensions-Etat auf die exorbitante Höhe von beinahe vier Millionen jährlich bringen. Weder in einem anderen Zweige der preußischen Verwaltung, noch in irgend einer anderen Armee wird derjenige pensionirt, den man nicht weiter befördern will, oder dem ein Jüngerer vorgezogen wird, wenn er für die Stelle, welche er bekleidet, noch vollkommen brauchbar ist. Sollte man sich darauf berufen, daß die Pensionen nur auf Grund ärztlicher Atteste bewilligt werden, so führen wir dagegen den Ausspruch eines Militärarztes an: es werde wenige Officiere geben, denen nicht nach 15 bis 20 Dienstjahren aus irgend einem Grunde das legale Zeugniß ertheilt werden könne, daß sie zum Felddienst untauglich seien. Wir erwähnen diese Dinge nur beiläufig, um bestimmte Punkte anzudeuten, in denen sich eine Einwirkung der Kammern zur Erleichterung des Landes geltend machen ließe, ohne mit den Vorlagen der Regierung in eine sachliche Collision zu gerathen. Der Kampf mit aristokratischen und bureaukratischen Vorurtheilen darf nicht mehr gescheuet werden.

Daß das Haus der Abgeordneten in dieser großen Sache keine genügenden Resultate erreicht, daß es überaus kostspielige Einrichtungen ohne Deckungsmittel für die Gegenwart und für eine lange Zukunft, ohne einen Ersatz auf anderen Gebieten des öffentlichen Lebens genehmigt hat, daß in jeder sonstigen Hinsicht die dreijährige Parlamentssitzung unfruchtbar verlaufen ist, das wird der Mehrheit der Abgeordneten im Lande zum Vorwurf gemacht werden. Freilich hat es wenig Recht, mit seinen Vertretern zu grollen; es hat sie mit der ausgesprochenen Parole gewählt, nichts zu überstürzen, nicht zu drängen, keine Leitung, keine Initiative zu übernehmen. Der Erfolg ist nichts desto weniger ein trauriger. Das Land verliert das Vertrauen zu seinen Männern, wie zu seinen Institutionen. Es verfällt der unseligen Stimmung, Alles über sich ergehen zu lassen, der verhängnißschweren Zukunft passiv entgegen zu schauen. Die Ueberzeugung ist allgemein, daß der Bau des Staates an vielen Mängeln leidet, daß es nicht ist, wie es sein sollte, daß Reorganisationen nicht bloß in der Armee, sondern in den Grundlagen der Gesetzgebung und der Verwaltung nothwendig sind, daß eine große Katastrophe bevorsteht. Es ist hohe Zeit, daß ein anderer Geist erwache, daß Schwung- und Spannkraft wiederkehren.

Die auswärtige Lage gestaltet sich in diesem Augenblicke günstiger. Die Verwicklung erscheint am drohendsten da, wo Preußens Interessen nicht unmittelbar engagirt sind, im Orient. Rußland ist durch die polnischen Wirren in Anspruch genommen. Die französisch. Politik, die dort auf keine wirksame Unterstützung zählen kann, wird zurückhaltender und behutsamer auftreten. Man wird uns suchene Wir können etwas bieten und daher Etwas fordern. Das muß genutzt werden nach innen und nach außen, aber nicht um Hohles und Unhaltbares zu stützen, sondern um Festes und Dauerndes zu schaffen. Denn im Großen bleibt die Gefahr dieselbe. Was in diesem Jahre und aus dieser Ursache nicht geschieht, das wird in einem andern Jahre und aus einem anderen Anlasse herbeigeführt werden. Unsere Lage wäre einem französischen Kriege gegenüber in der That hoffnungslos, wenn wir jetzt in inneren Zerwürfnissen ständen, wie 1848, wenn Preußen zerrüttet wäre wie Oesterreich. Aber die Regierung befindet sich in völliger Uebereinstimmung mit den tüchtigsten, strebsamsten Kräften des Landes, sie darf die freudigste Zustimmung erwarten, wenn sie nach den von ihr selbst proclamirten Grundsätzen entschlossen vorwärts geht.

Große Erfolge nach außen würden vielleicht hier wie in Frankreich als Ersatz für innere Mängel genommen werden, aber die sind nicht möglich, nicht einmal eine kräftige, ehrenvolle auswärtige Politik denkbar ohne ein liberales, dem öffentlichen Geiste entsprechendes Regiment im Innern. Dessen bedarf es entschieden und rückhaltlos. Stark ist eine Regierung nicht, wenn sie der Meinung ihres Landes gefahrlos trotzen kann — das kann und muß gelegentlich jede — sondern wenn sie dieselbe hinter sich hat, wenn sie von den moralischen und physischen Kräften des Volkes getragen wird. Selbstständige Mächte unterwerfen sich freilich nicht unbedingt der Autorität, aber nur sie können wahrhaft nützen und stützen. Jede Autorität bedarf zu erfolgreichem Wirken des allgemeinen Vertrauens, nicht eines bloßen Sich-Gefallen-Lassens. Aber das volle Vertrauen wird nur dem Thätigen und Entschlossenen. Der bloße Nimbus der bestehenden Gewalt reicht nicht mehr aus.

In diesem Jahre stehen neue Wahlen bevor. Da ist es dem Lande gegeben, seinen Einfluß auf das Verhalten der Regierung geltend zu machen, sich nicht bloß schieben zu lassen, sondern zu schieben. Es genügt nicht mehr, Männer zu wählen, die sich zu den Grundsätzen der Regierung bekennen, es bedarf solcher, die wissen, was sie wollen, und sagen, was sie wollen, die Fähigkeit und Charakter haben, selbstständig zu thun und zu rathen, was die ernste Zeit verlangt. Man soll nicht auf vergangene Dinge zurückkommen, sondern die nehmen, von denen man Etwas erwarten kann. Die große liberale Mehrheit des Volkes muß ihrem Wollen einen einigen Ausdruck geben, sich nicht durch Vorurtheile, kleine Rücksichten und geringfügige Unterschiede trennen lassen. Mögen die Vögel links oder rechts fliegen, ruft Hektor den Schwankenden zu:

Ein Wahrzeichen nur gilt, das Vaterland zu erretten!

Freilich kann der Einzelne wenig thun. Sein Handeln ist beschränkt, seine Worte verhallen. Nach unseren Einrichtungen, nach unseren Sitten und Gewohnheiten muß das Meiste von oben geschehen. Versagt die Leitung, so ist Alles umsonst. Aber Jeder muß thun, als ob Etwas an ihm läge, als ob sein Reden und Handeln von Bedeutung wäre. Es mag ja hier oder da beitragen zu wecken und zu heben. Der Geist, welcher das Ganze erfüllt, strömt auf die Einzelnen zurück, die allgemeine Bewegung ergreift auch die, auf welche Etwas ankommt. Von einer systematischen Opposition, von einer Opposition, welche versuchen möchte, die Regierung zu verdrängen, kann — außer von Seiten der Feudalen — gar nicht die Rede sein. Es kann sich nur im Einzelnen um ein Mehr oder Weniger handeln. Die Regierung hat keinen Grund, Leben und Bewegung zu fürchten. Es ist schon zu lange gezögert, zu viel der kostbaren Zeit verloren. Es bedarf des Drängens. Soll der Kammerdiener mit dem Finger an den Lippen ewig das Symbol des öffentlichen Lebens in Preußen bleiben, „still, der Herzog schläft," bis die hereinbrechende Verwüstung den Donnerruf erschallen läßt: „Freund, jetzt ist's Zeit zu lärmen!" Vielleicht bereiten sich schon die Federn, um nach dem Unglück neue Auflagen des schwarzen Buchs oder der Gallerie preußischer Charaktere zu schreiben, Auflagen, gegen welche jene ersten Versuche harmlos erscheinen könnten. Wozu die Regierenden entschlossen sind, wie sie die Krisis zu bestehen meinen, das wissen wir nicht. Das aber darf man sich nicht verbergen, das ist unzweifelhaft: im Lande wird die Stimmung mehr und mehr allgemein, daß wir hoffnungslos und rettungslos dem Verderben entgegen wanken.

Berlin, im April 1861.

Druck von J. C. Huber in Charlottenburg.

FSC
www.fsc.org
MIX
Papier | Fördert
gute Waldnutzung
FSC® C083411

Kolibri 360 GmbH
Ferdinand-Jühlke-Straße 7
99095 Erfurt, Deutschland
produktsicherheit@kolibri360.de